Dulciuri de poveste 2023
Retete de torturi si deserturi delicioase

Ana Maria Popescu

CONȚINUT

Turtă dulce americană cu sos de lămâie 12

Turtă dulce de cafea 14

Tort cu crema de ghimbir 15

Tort cu ghimbir Liverpool 16

Turtă dulce cu fulgi de ovăz 17

Turtă dulce lipicioasă 19

Turtă dulce din grâu integral 20

Prajitura cu miere si migdale 21

Tort cu inghetata de lamaie 22

Inel de ceai cu gheață 23

Tort cu lardă 25

Prajitura dulce cu chimen 27

Tort din marmură 28

Tort în straturi Lincolnshire 29

Tort de paine 30

Tort cu marmelada 31

prăjitură cu mac 33

Prajitura cu iaurt simplu 34

Prune și prăjitură cu cremă 35

Tort de zmeura cu glazura de ciocolata 37

Tort cu nisip 38

Tort cu seminte 39

Tort inel savuros 40

Tort cu strat picant 41

Prajitura cu zahar cu scortisoara 42

Tort de ceai victorian 43

Tort cu fructe, totul într-unul 44

Tort cu fructe, totul într-unul 45

Tort australian cu fructe 46

tort american bogat 47

Prajitura cu fructe de roscove 49

Prajitura cu fructe de cafea 50

Prajitura grea din Cornish 52

Prajitura de coacaze 53

Tort cu fructe negre 54

Tort uluitor 56

tort Dundee 57

Prajitura cu fructe peste noapte fara oua 58

O prajitura inconfundabila cu fructe 59

Tort cu fructe de ghimbir 61

Tort cu fructe cu miere de fermă 62

prăjitură genoveză 64

Tort cu inghetata cu fructe 66

Prajitura cu fructe Guinness 67

Tort cu carne tocată 68

Prajitura cu fructe de ovaz si caise 69

Tort cu fructe de noapte 70

Prajitura cu stafide si condimente 71

tort Richmond 72

Prajitura cu fructe de sofran 73

Prajitura cu fructe cu sifon 75

Tort rapid cu fructe	76
Tort cu fructe cu ceai fierbinte	77
Prajitura cu fructe cu ceai cu gheata	78
Prajitura cu fructe fara zahar	79
Scones cu fructe	81
Prajitura cu fructe cu otet	82
Tort cu whisky Virginia	83
Prajitura cu fructe galeza	84
Tort cu fructe albe	85
prăjitură cu mere	86
Plăcintă cu mere picantă și crocantă	87
plăcintă americană cu mere	88
Prajitura cu sos de mere	89
prăjitură cu mere	90
Plăcintă cu mere și scorțișoară	91
plăcintă spaniolă cu mere	92
Plăcintă cu mere Sultana	94
Tort cu mere cu susul în jos	95
Tort cu paine cu caise	97
Tort cu caise si ghimbir	98
Tort cu caise	99
tort cu banane	100
Tort crocant cu banane	101
Ciupercă banană	102
Tort cu banane bogat in fibre	103
Prajitura cu banana si lamaie	104
Tort cu banane cu ciocolată într-un blender	105

Tort cu banane și arahide 106

Tort cu banane toate intr-o singura cu stafide 107

Tort cu banane cu whisky 108

Tort cu afine 109

Tort pebble cu cirese 110

Tort cu cirese si nuca de cocos 111

Tort cu cireșe Sultana 112

Tort cu inghetata cu cirese, nuci 113

Topping glazurat 115

Glazura de cafea 115

Glazură de lămâie 116

Glazura portocalie 116

Glazura cu rom 117

Glazura glazura cu vanilie 117

Glazura de ciocolata fiarta 118

Umplutura de ciocolata si nuca de cocos 118

Topping de fudge 119

Umplutură dulce de brânză 119

Topping american de catifea 120

glazura cu unt 120

Glazura de caramel 121

Glazură de lămâie 121

Glazura cu crema de cafea 122

Lady Baltimore Frosting 123

glazura alba 124

Glazur alb-crem 124

glazură albă pufoasă 125

topping cu zahăr brun 126

Glazura cu crema de vanilie 127

crema de vanilie 128

Umplutura cu crema 129

Umplutură de cremă daneză 130

Umplutură bogată de cremă daneză 131

Budincă 132

Umplutura cu crema de ghimbir 133

Garnitura de lamaie 134

Topping de ciocolată 135

Glazura pentru tort cu fructe 136

Glazura de prajitura cu fructe de portocale 136

Patrate de bezea de migdale 137

picături de înger 138

Migdale decojite 139

Tartele Bakewell 140

Prajituri cu fluturi de ciocolata 142

Fursecuri cu nucă de cocos 143

Fursecuri dulci 144

Scones de cafea 145

Eccles prajituri 146

prăjituri cu zâne 147

Prăjituri zâne glazurate cu pene 148

fantezii genoveze 149

Macaroane cu migdale 150

Macaron cu nucă de cocos 151

Macaroane cu lime 152

Macaroane cu fulgi de ovaz 153

Madeleine 154

prajituri martipan 155

Briose 156

Briose cu mere 157

Briose cu banane 158

Brioșe cu coacăze negre 159

Briose americane cu afine 160

Brioșe cu cireșe 161

Brioșe de ciocolată 162

Brioșă de ciocolată 163

Cupcake cu scorțișoară 164

Briose din făină de porumb 165

Briose cu smochine întregi 166

Brioșe cu fructe și tărâțe 167

Briose cu ovăz 168

Briose cu ovăz și fructe 169

Briose cu portocale 170

Briose cu piersici 171

Brioșe cu unt de arahide 172

Briose cu ananas 173

Briose cu zmeură 174

Brioșe cu zmeură și lămâie 175

Briose Sultana 175

Briose cu melasa 177

Brioșe cu melasă de ovăz 178

Pâine prăjită cu fulgi de ovăz 179

Omlete cu ciuperci de căpșuni 180
prăjituri cu mentă 181
Prajituri cu stafide 182
Bucle cu stafide 183
Chiflă cu Zmeură 184
Prajituri cu orez brun si floarea soarelui 185
prăjituri rock 186
Prăjituri rock fără zahăr 187
Prajituri cu sofran 188
baba de rom 189
Prăjituri cu pandișpan 191
Tort de ciocolata 192
globuri de zăpadă de vară 193
picaturi de ciuperci 194
Bezele de bază 195
Bezele cu migdale 196
Biscuiți spanioli cu migdale și bezea 197
Coșuri de bezea coapte 198
Chips de migdale 199
Bezea spaniolă cu migdale și lămâie 200
Bezea în ciocolată 201
Bezele cu ciocolată cu mentă 202
Bezea cu fulgi de ciocolata si nuca 202
Bezele de alune 203
Prajitura cu bezea cu nuca 204
Macaroane felii cu alune 206
Un strat de bezea și nuci 207

Munții Bezea 209

Bezea cu crema de zmeura 210

Prajituri cu ratafia 211

Caramel Vacherin 212

Cookie-uri simple 213

Scones bogate cu ouă 214

Placinta cu mere 215

Scones cu mere si nuca de cocos 216

Scones cu mere și curmale 217

Scones de orz 218

Întâlnire cu cupcake 219

Turtă dulce americană cu sos de lămâie

Face un tort de 8"/20 cm

225 g/8 oz/1 cană zahăr tos (foarte fin)

2 oz/¼ cană/50 g unt sau margarină, topită

30 ml/2 linguri melasă neagră

2 albusuri, batute usor

225 g/8 oz/2 căni de făină simplă (universal)

5 ml/1 lingurita bicarbonat de sodiu (bicarbonat de sodiu)

5 ml/1 linguriță. scorțișoară măcinată

2,5 ml/½ linguriță cuișoare măcinate

1,5 ml/¼ linguriță ghimbir măcinat

Vârf de cuțit de sare

250 ml/8 fl oz/1 cană zară

Pentru sos:

100 g/4 oz/½ cană zahăr tos (foarte fin)

30 ml/2 linguri amidon de porumb (amidon de porumb)

Vârf de cuțit de sare

Un praf de nucsoara rasa

250 ml/8 fl oz/1 cană apă clocotită

15 g/½ oz/1 lingură. lingura de unt sau margarina

30 ml/2 linguri suc de lamaie

2,5 ml/½ linguriță. coaja de lamaie rasa fin

Amesteca zaharul, untul sau margarina si melasa. Încorporați albușurile. Se amestecă făina, bicarbonatul de sodiu, condimentele și sarea. Amestecați alternativ făina și amestecul de zahăr în amestecul de unt și zahăr pana când se combină bine. Se toarnă într-o tavă de 8"/20cm unsă cu făină și se coace în cuptorul preîncălzit la 200°C/400°F/termostat 6 timp de 35 de minute până când o scobitoare introdusă în centru iese curată. Se lasă să se răcească în tavă pt. 5 minute si apoi se intoarce pe un gratar pentru a termina racirea. Tortul poate fi servit rece sau cald.

Pentru a face sosul, combinați zahărul, amidonul de porumb, sarea, nucșoara și apa într-o cratiță mică la foc mic și amestecați până se combină bine. Gatiti, amestecand, pana cand amestecul este gros si limpede. Se amestecă untul sau margarina și sucul și coaja de lămâie și se fierbe până se combină bine. Pentru a servi, acoperiți cu turtă dulce.

Turtă dulce de cafea

Face un tort de 8"/20 cm

200g/7oz/1¾ cani de făină auto-crescătoare

10 ml/2 linguri. ghimbir de pamant

10 ml/2 linguri. granule de cafea instant

100 ml/4 fl oz/½ cană apă fierbinte

100 g/4 oz/½ cană unt sau margarină

75 g/3 oz/¼ cană sirop de aur (porumb ușor)

50 g/2 oz/¼ cană zahăr brun moale

2 oua batute

Se amestecă făina și ghimbirul. Dizolva cafeaua in apa fierbinte. Topiți margarina, siropul și zahărul, apoi amestecați-le cu ingredientele uscate. Se amestecă cafeaua și ouăle. Se toarnă într-o formă de tort de 8"/20 cm unsă și tapetată și se coace în cuptorul preîncălzit la 180°C/350°F/termostat 4 timp de 40-45 minute, până când se înmoaie bine la atingere.

Tort cu crema de ghimbir

Face un tort de 8"/20 cm

6 oz/¾ cană/175 g unt sau margarină, înmuiată

2/3 cană/5 oz/150 g zahăr brun moale

3 oua, batute usor

175 g/6 oz/1½ cani de făină auto-crescătoare

15 ml / 1 lingura ghimbir macinat Pentru decor:

¼ pct/2/3 cană/150 ml smântână dublă (grea)

15 ml/1 lingurita zahar pudra (cofetarie), cernut

5 ml/1 linguriță. ghimbir de pamant

Bateți untul sau margarina şi zahărul până devine uşor şi pufos. Adaugam treptat oul, apoi faina si ghimbirul si amestecam bine. Se imparte in doua forme de sandvici unse si tapetate cu unt de 8/20 cm si se coace in cuptorul preincalzit la 180°C/termostat 4 timp de 25 de minute, pana cand se ridica bine si devine elastic la atingere. O vom lăsa să se răcească.

Bateți smântâna cu zahăr şi ghimbir până se întăreşte, apoi combinați prăjiturile cu ea.

Tort cu ghimbir Liverpool

Face un tort de 8"/20 cm

100 g/4 oz/½ cană unt sau margarină

100 g/4 oz/½ cană zahăr demerara

30 ml/2 linguri. lingură de sirop de aur (porumb ușor)

225 g/8 oz/2 căni de făină simplă (universal)

2,5 ml/½ linguriță bicarbonat de sodiu (bicarbonat de sodiu)

10 ml/2 linguri. ghimbir de pamant

2 oua batute

225 g/8 oz/11/3 cani de stafide (stafide aurii)

2 oz/½ cană/50 g ghimbir confiat (confiat), tocat

Topiți untul sau margarina cu zahărul și siropul la foc mic. Se ia de pe foc si se adauga ingredientele uscate si ouale si se amesteca bine. Se amestecă stafidele și ghimbirul. Se toarnă într-o formă pătrată de 8"/20cm tapetată cu unt și se coace în cuptorul preîncălzit la 150°C/termostat 3 timp de 1 oră și jumătate pană când devine elastic la atingere. Tortul se poate ridica putin la mijloc. Se lasa la racit intr-un bol.

Turtă dulce cu fulgi de ovăz

Face un tort de 35 x 23 cm/14 x 9 inch

225 g/8 oz/2 căni de făină de grâu integral (grâu integral)

75 g/3 oz/¾ cană de ovăz rulat

5 ml/1 lingurita bicarbonat de sodiu (bicarbonat de sodiu)

5 ml/1 lingurita crema de tartru

15 ml / 1 lingura de ghimbir macinat

225 g/8 oz/1 cană unt sau margarină

225 g/8 oz/1 cană zahăr brun moale

Amestecă într-un castron făina, fulgii de ovăz, bicarbonatul de sodiu, crema de tartru și ghimbirul. Frecați untul sau margarina până când amestecul seamănă cu pesmet. Se amestecă zahărul. Apăsați bine amestecul într-o tavă unsă de 35 x 23 cm/14 x 9 și coaceți în cuptorul preîncălzit la 160°C/325°F/termostat 3 timp de 30 de minute până devin aurii. Cât este încă cald, tăiați în pătrate și lăsați să se răcească complet în tigaie.

> **Turtă dulce portocalie**
>
> Face un tort de 9"/23 cm
>
> 450 g/1 lb/4 căni de făină simplă (universal)
>
> 5 ml/1 linguriță. scorțișoară măcinată
>
> 2,5 ml/½ linguriță. ghimbir de pamant
>
> 2,5 ml/½ linguriță bicarbonat de sodiu (bicarbonat de sodiu)
>
> 2/3 cană/6 oz/175 g unt sau margarină
>
> 2/3 cană/6 oz/175 g zahăr tos (foarte fin)
>
> 75 g/3 oz/½ cană coajă de portocală congelată (confiată), tocată
>
> Coaja rasa si suc de ½ portocala mare
>
> 175 g/6 oz/½ cană de sirop auriu (porumb ușor), încălzit
>
> 2 oua, batute usor
>
> Un pic de lapte

Se amestecă făina, condimentele și bicarbonatul de sodiu, apoi se amestecă untul sau margarina până când amestecul seamănă cu pesmet. Se amestecă zahărul, coaja și coaja de portocală și se face un godeu în centru. Se amestecă sucul de portocale și siropul încălzit, apoi se amestecă ouăle până se înmoaie și pufoase, adăugând puțin lapte dacă este necesar. Se bat bine, se toarna intr-o tava patrata de 9cm/23cm unsa cu unt si se coace in cuptorul preincalzit la 160°C/termostat 3 timp de 1 ora pana cand este bine umflat si elastic la atingere.

Turtă dulce lipicioasă

Face un tort de 10"/25 cm

275 g/10 oz/2½ căni de făină simplă (universal)

10 ml/2 linguri. scorțișoară măcinată

5 ml/1 lingurita bicarbonat de sodiu (bicarbonat de sodiu)

100 g/4 oz/½ cană unt sau margarină

175 g/6 oz/½ cană sirop auriu (porumb ușor)

175 g/6 oz/½ cană melasă (melasă)

100 g/4 oz/½ cană zahăr brun moale

2 oua batute

150 ml/¼ pt/2/3 cană apă fierbinte

Se amestecă făina, scorțișoara și bicarbonatul de sodiu. Topiți untul sau margarina cu sirop, melasă și zahăr și turnați în ingrediente uscate. Se adauga oul si apa si se amesteca bine. Se toarnă într-o tavă pătrată de 25 cm/10 tapetată cu unt. Coaceți în cuptorul preîncălzit la 180°C/350°F/termostat 4 timp de 40-45 de minute până când se înmoaie bine la atingere.

Turtă dulce din grâu integral

Face un tort de 7"/18 cm

100 g/4 oz/1 cană făină simplă (universal)

100 g/4 oz/1 cană făină de grâu integral (grâu integral)

50 g/2 oz/¼ cană zahăr brun moale

50 g/2 oz/1/3 cană stafide (stafide aurii)

10 ml/2 linguri. ghimbir de pamant

5 ml/1 linguriță. scorțișoară măcinată

5 ml/1 lingurita bicarbonat de sodiu (bicarbonat de sodiu)

Vârf de cuțit de sare

100 g/4 oz/½ cană unt sau margarină

30 ml/2 linguri. lingură de sirop de aur (porumb ușor)

30 ml/2 linguri melasă neagră

1 ou, batut usor

150 ml/¼ pt/2/3 cană lapte

Amestecați ingredientele uscate împreună. Topiți untul sau margarina cu sirop și melasă și amestecați în ingrediente uscate cu ou și lapte. Se toarna intr-o tava de tort unsa si tapetata cu unt de 7cm/18cm si se coace in cuptorul preincalzit la 160°C/termostat 3 timp de 1 ora pana devine elastic la atingere.

Prajitura cu miere si migdale

Face un tort de 8"/20 cm

250 g morcov ras

65 g/2½ oz migdale, tocate mărunt

2 oua

100 g/4 oz/1/3 cană miere simplă

60 ml/4 linguri ulei

150 ml/¼ pt/2/3 cană lapte

100 g/4 oz/1 cană făină de grâu integral (grâu integral)

25 g/1 oz/¼ cană făină simplă (universal)

10 ml/2 linguri. scorțișoară măcinată

2,5 ml/½ linguriță bicarbonat de sodiu (bicarbonat de sodiu)

Vârf de cuțit de sare

Glazură de lămâie

Câteva migdale tocate (tocate) pentru ornat

Se amestecă morcovii și nucile. Bateți ouăle într-un castron separat, apoi amestecați mierea, uleiul și laptele. Se amestecă morcovii și nucile, apoi se amestecă ingredientele uscate. Se toarnă într-o formă de tort unsă și tapetată cu unt de 8"/20 cm și se coace în cuptorul preîncălzit la 150°C/termostat 2 timp de 1 până la 1¼ oră, până când se înmoaie bine la atingere. Se lasa sa se raceasca in tava inainte de a le da. Se stropesc cu glazură de lămâie și se ornează cu migdale mărunțite.

Tort cu inghetata de lamaie

Face un tort de 7"/18 cm

100 g/4 oz/½ cană unt sau margarină, înmuiată

100 g/4 oz/½ cană zahăr tos (foarte fin)

2 oua

100 g/4 oz/1 cană făină simplă (universal)

50 g/2 oz/½ cană de orez măcinat

2,5 ml/½ linguriță praf de copt

Coaja rasa si zeama de la 1 lamaie

2/3 cană/4 oz/100 g zahăr pudră (cofetarie), cernut

Bateți untul sau margarina și zahărul până devine ușor și pufos. Adaugam ouale pe rand, batand bine dupa fiecare adaugare. Combinați făina, orezul măcinat, praful de copt și coaja de lămâie, apoi amestecați în amestec. Se toarnă într-o formă de tort de 18 cm/7 cm unsă și tapetată cu unt și se coace în cuptorul preîncălzit la 180°C/350°F/termostat 4 timp de 1 oră până când devine elastic la atingere. Scoateți din formă și lăsați să se răcească.

Se amestecă zahărul pudră cu puțin suc de lămâie până se omogenizează. Se toarnă peste prăjitură și se lasă să stea.

Inel de ceai cu gheață

Pentru 4 până la 6 persoane

¼ pct/150 ml/2/3 cană lapte fierbinte

2,5 ml/½ linguriță drojdie uscată

25 g/1 oz/2 linguri zahăr tos (foarte fin)

25 g/1 oz/2 linguri de unt sau margarină

225 g/8 oz/2 căni de făină tare (pâine).

1 ou batut Pentru umplutura:

2 oz/¼ cană/50 g unt sau margarină, înmuiată

50 g/2 oz/¼ cană migdale măcinate

50 g/2 oz/¼ cană zahăr brun moale

Pentru decor:

2/3 cană/4 oz/100 g zahăr pudră (cofetarie), cernut

15 ml/1 lingura de apa calduta

30 ml/2 linguri. linguri de migdale rase (tocate)

Se toarnă laptele peste drojdie și zahăr și se amestecă. Se lasa la loc cald pana devine spumoasa. Frecați untul sau margarina în făină. Adăugați amestecul de drojdie și ouăle și bateți bine. Acoperiți vasul cu folie alimentară unsă (plastic) și lăsați-l să se odihnească la loc cald timp de 1 oră. Frământați din nou, apoi modelați un dreptunghi de aproximativ 30 x 23 cm/12 x 9 inchi. Ungeți unt sau margarină pe aluat și stropiți cu migdale măcinate și zahăr. Rulați într-un cârnați lung și formați un inel, sigilând marginile cu puțină apă. Tăiați două treimi din rulou la intervale de aproximativ 1½/3 cm și puneți-o pe o tavă de copt unsă. Se lasă la loc cald timp de 20 de minute. Coaceți în cuptorul preîncălzit la 200°C/425°F/gaz 7 timp de 15 minute. Reduceți temperatura cuptorului la 180°C/350°F/gaz 4 pentru încă 15 minute.

Între timp, amestecați zahărul pudră și apa pentru a face glazura. Dupa ce s-a racit intinde prajitura si decoreaza cu migdale tocate.

Tort cu lardă

Face un tort de 9" x 7"/23 x 18 cm

15 g/½ oz drojdie proaspătă sau 20 ml/4 linguri. drojdie uscata

5 ml/1 linguriță. zahăr pudră (foarte fin)

½ pct/1 ¼ cană/300 ml apă călduță

2/3 cană/5 oz/150 g untură (grăsime)

450 g/1 lb/4 căni de făină tare (pâine).

Vârf de cuțit de sare

100 g/4 oz/2/3 cană stafide (stafide aurii)

100 g/4 oz/2/3 cană miere pură

Amestecați drojdia cu zahărul și puțină apă caldă și lăsați-o să stea la loc cald timp de 20 de minute până devine spumoasă.

Ungeți 25 g untură în făină și sare și faceți un godeu în mijloc. Se toarnă amestecul de drojdie și restul de apă călduță și se amestecă pentru a forma un aluat tare. Se framanta pana se omogenizeaza si elastic. Se pune intr-un castron uns cu ulei, se acopera cu folie alimentara unsa (folie de plastic) si se lasa la crescut la loc caldut aproximativ 1 ora pana isi dubleaza volumul.

Tăiați untura rămasă în cuburi. Frământați din nou aluatul, apoi întindeți-l într-un dreptunghi de aproximativ 35 x 23 cm/14 x 9 inchi. Acoperiți cele două treimi de sus din aluat cu o treime din untură, o treime din stafide și un sfert din miere. Îndoiți o treime din aluatul simplu peste umplutură, apoi pliați treimea de sus în jos. Apăsați marginile împreună pentru a sigila, apoi întoarceți aluatul un sfert de tură, astfel încât pliul să fie pe partea stângă. Întindeți și repetați procesul de încă două ori pentru a folosi toată untura și stafidele. Așezați-o pe o foaie de copt unsă (prăjituri) și încrucișați deasupra cu un cuțit. Acoperiți și lăsați 40 de minute într-un loc cald.

Coaceți în cuptorul preîncălzit la 220°C/425°F/termostat 7 timp de 40 de minute. Stropiți deasupra mierea rămasă și lăsați să se răcească.

Prajitura dulce cu chimen

Face un tort de 9" x 7"/23 x 18 cm

450 g/1 lb aluat de pâine albă de bază

6 uncii/¾ cană untură (grăsime), tăiată în bucăți

175 g/6 oz/¾ cană zahăr tos (foarte fin)

15 ml/1 lingura chimen

Pregătim aluatul, pe care apoi îl întindem pe o suprafață ușor făinată într-un dreptunghi de aproximativ 35 x 23 cm. Presărați jumătate din untură și jumătate din zahăr peste două treimi de sus din aluat, apoi îndoiți aluatul. o treime din aluat și îndoiți treimea de sus peste el. Se da aluatul un sfert de tura astfel incat pliul sa fie la stanga, apoi se intinde din nou si se presara in acelasi mod cu untura ramasa, zahar si chimen. Îndoiți din nou, apoi modelați pentru a se potrivi cutii și marcați partea superioară în forme de romb. Acoperiți cu folie alimentară unsă (folie de plastic) și lăsați la loc cald aproximativ 30 de minute până când își dublează volumul.

Coaceți în cuptorul preîncălzit la 200°C/400°F/termostat 6 timp de 1 oră. Se lasă să se răcească în tavă timp de 15 minute pentru a lăsa grăsimea să se pătrundă în aluat, apoi se întoarce pe un grătar pentru a se răci complet.

Tort din marmură

Face un tort de 8"/20 cm

6 oz/¾ cană/175 g unt sau margarină, înmuiată

175 g/6 oz/¾ cană zahăr tos (foarte fin)

3 oua, batute usor

225 g/8 oz/2 căni de făină auto-crescătoare (auto-crescătoare)

Câteva picături de esență de migdale (extract)

Câteva picături de colorant alimentar verde

Câteva picături de colorant alimentar roşu

Bateți untul sau margarina și zahărul până devine ușor și pufos. Adaugam treptat ouale, apoi adaugam faina. Împărțiți amestecul în trei. Adauga o treime esenta de migdale, o treime colorant alimentar verde si o treime colorant alimentar rosu. Puneți linguri din aceste trei amestecuri alternativ într-o formă de tort unsă și tapetată (20 cm) și coaceți într-un cuptor preîncălzit la 180°C/350°F/termostat 4 timp de 45 de minute până când se fixează. Este bine umflat și flexibil. atingere.

Tort în straturi Lincolnshire

Face un tort de 8"/20 cm

175 g/6 oz/¾ cană unt sau margarină

350 g/12 oz/3 căni de făină simplă (universal)

Vârf de cuțit de sare

150 ml/¼ pt/2/3 cană lapte

15 ml / 1 lingura de drojdie uscata Pentru umplutura:

225 g/8 oz/11/3 cani de stafide (stafide aurii)

225 g/8 oz/1 cană zahăr brun moale

25 g/1 oz/2 linguri de unt sau margarină

2,5 ml/½ linguriță. ienibahar măcinat

1 ou, separat

Frecați jumătate din unt sau margarină în făină și sare până când amestecul seamănă cu pesmet. Se încălzește restul de unt sau margarina cu mâna cu laptele până se încălzește, apoi se amestecă puțin într-o pastă cu drojdia. Adăugați amestecul de aluat și restul de lapte și unt la amestecul de făină și frământați până obțineți un aluat flexibil. Se pune intr-un castron uns cu ulei, se acopera si se lasa la crescut la loc cald timp de aproximativ 1 ora pana isi dubleaza volumul. Intre timp punem toate ingredientele pentru umplutura, mai putin albusul, intr-o cratita la foc mic si lasam sa se topeasca.

Rulați un sfert din aluat într-un cerc cu diametrul de 8/20 cm și întindeți cu o treime din umplutură. Repetați cu cantitatea rămasă de aluat și umplutură, acoperind cu un cerc de aluat. Ungeți marginile cu albuș și sigilați. Coaceți în cuptorul preîncălzit la 190°C/375°F/termostat 5 timp de 20 de minute. Se unge blatul cu albus si apoi se da la cuptor inca 30 de minute pana devine auriu.

Tort de paine

Face o prăjitură de 900 g/2 lb

6 oz/¾ cană/175 g unt sau margarină, înmuiată

10 oz/275 g/1 ¼ cană zahăr tos (foarte fin)

Coaja rasă și suc de ½ lămâie

120 ml/4 fl oz/½ cană lapte

275 g/10 oz/2¼ cani de făină auto-crescătoare

5 ml/1 lingurita sare

5 ml/1 linguriță praf de copt

3 oua

Zahăr pudră (cofetarie), cernut, pentru stropire

Bateți untul sau margarina, zahărul și coaja de lămâie până devin ușoare și pufoase. Se adauga sucul de lamaie si laptele, apoi se adauga faina, sarea si praful de copt si se amesteca pana se omogenizeaza. Adaugam treptat ouale batand bine dupa fiecare adaugare. Turnați amestecul într-o tavă de pâine unsă și tapetată cu unsoare de 900 g (2 lb) și coaceți într-un cuptor preîncălzit la 150°F/300°F/termostat 2 timp de 1¼ de oră până când devine elastic la atingere. Lăsați să se răcească în tavă timp de 10 minute înainte de a se întoarce pentru a se termina de răcit pe un grătar. Se serveste pudrata cu zahar pudra.

Tort cu marmelada

Face un tort de 7"/18 cm

6 oz/¾ cană/175 g unt sau margarină, înmuiată

175 g/6 oz/¾ cană zahăr tos (foarte fin)

3 ouă, separate

300 g/10 oz/2½ căni de făină auto-crescătoare

45 ml/3 linguri marmeladă groasă

2 oz/50 g/1/3 cană coajă amestecată (confiată), tocată

Coaja rasa a 1 portocala

45 ml/3 linguri de apă

Pentru glazura (glazura):

2/3 cană/4 oz/100 g zahăr pudră (cofetarie), cernut

Suc de 1 portocală

Câteva felii de portocale confiate (confiate)

Bateți untul sau margarina și zahărul până devine ușor și pufos. Se adauga treptat galbenusurile, apoi 15 ml/1 lingura de faina. Se amestecă marmelada, coaja amestecată, coaja de portocală și apa, apoi se amestecă făina rămasă. Bateți albușurile spumă până se întăresc și apoi pliați-le în amestec folosind o lingură de metal. Se toarnă într-o formă de tort de 7 cm/18 cm unsă și tapetată cu unt și se coace în cuptorul preîncălzit la 180°C/termostat 4 timp de 1¼ de oră, până când se înmoaie bine la atingere. Se lasa sa se raceasca in tava 5 minute, apoi se intoarce pe un gratar pentru a termina de racit.

Pentru a face glazura, puneți zahărul pudră într-un bol și faceți o adâncitură în centru. Adăugați treptat suficient suc de portocale pentru a obține o consistență tartinabilă. Se toarnă peste tort și părți laterale și se lasă să stea. Se ornează cu felii de portocale confiate.

prăjitură cu mac

Face un tort de 8"/20 cm

250 ml/8 fl oz/1 cană lapte

100 g/4 oz/1 cană de semințe de mac

8 oz/1 cană de unt sau margarină, înmuiată

225 g/8 oz/1 cană zahăr brun moale

3 ouă, separate

100 g/4 oz/1 cană făină simplă (universal)

100 g/4 oz/1 cană făină de grâu integral (grâu integral)

5 ml/1 linguriță praf de copt

Aduceți laptele la fiert într-o cratiță mică cu semințele de mac, apoi luați de pe foc, acoperiți și lăsați la infuzat timp de 30 de minute. Frecați untul sau margarina și zahărul într-o masă palidă și pufoasă. Se adauga treptat galbenusurile, apoi faina si praful de copt. Se amestecă semințele de mac și laptele. Bateți albușurile spumă până se întăresc și apoi pliați-le în amestec folosind o lingură de metal. Se toarnă într-o tavă de 20 cm unsă și tapetată cu unt și se coace în cuptorul preîncălzit la 180°C/350°F/termostat 4 timp de 1 oră, până când o scobitoare introdusă în centru iese curată. Lăsați să se răcească în tavă timp de 10 minute înainte de a se întoarce pentru a se termina de răcit pe un grătar.

Prajitura cu iaurt simplu

Face un tort de 9"/23 cm

150 g de iaurt natural

150 ml/¼ pt/2/3 cană ulei

225 g/8 oz/1 cană zahăr tos (foarte fin)

225 g/8 oz/2 căni de făină auto-crescătoare (auto-crescătoare)

10 ml/2 lingurițe praf de copt

2 oua batute

Se amestecă toate ingredientele până se omogenizează și apoi se toarnă într-o tavă(e) de tort unsă și tapetată cu unt de 9/23 cm. Coaceți într-un cuptor preîncălzit la 160°C/325°F/termostat 3 timp de 1¼ oră până când se înmoaie la atingere. Se lasa la racit intr-un bol.

Prune și prăjitură cu cremă

Face un tort de 9"/23 cm

Pentru umplutura:

2/3 cană/5 oz/150 g prune fără sâmburi (sâmbure), tăiate grosier

120 ml/4 fl oz/½ cană suc de portocale

50 g/2 oz/¼ cană zahăr tos (foarte fin)

30 ml/2 linguri amidon de porumb (amidon de porumb)

6 fl oz/¾ cană lapte

2 galbenusuri de ou

Coaja de portocala rasa fin

Pentru tort:

6 oz/¾ cană/175 g unt sau margarină, înmuiată

225 g/8 oz/1 cană zahăr tos (foarte fin)

3 oua, batute usor

200 g/7 oz/1¾ cani de făină simplă (universal)

10 ml/2 lingurițe praf de copt

2,5 ml/½ linguriță nucșoară rasă

75 ml/5 linguri suc de portocale

Mai întâi pregătiți umplutura. Înmuiați prunele în suc de portocale timp de cel puțin două ore.

Amesteca zaharul si amidonul de porumb cu putin lapte pentru a face o pasta. Fierbeți restul laptelui într-o oală. Se toarnă peste zahăr și amidon de porumb și se amestecă bine, apoi se întoarce în tava clătită și se adaugă gălbenușurile de ou. Adaugam coaja de portocala si amestecam la foc foarte mic pana se ingroasa, dar nu lasa crema de patiserie sa fiarba. Puneti tigaia intr-un vas cu apa rece si amestecati din cand in cand crema cat se raceste.

Pentru a face o prăjitură, cremă unt sau margarină și zahăr până devine ușor și pufos. Se adauga treptat ouale, apoi faina, praful de copt si nucsoara, alternand cu sucul de portocale. Se toarnă jumătate din aluat într-o formă de tort de 9/23 cm unsă cu unt, deasupra se întinde crema de patiserie și se lasă un spațiu pe margine. Stropiți smântâna cu prune uscate și stropiți, apoi adăugați amestecul de prăjitură rămas, asigurându-vă că amestecul de prăjitură etanșează umplutura în jurul părților laterale și umplutura este complet acoperită. Coaceți într-un cuptor preîncălzit la 200°C/400°F/termostat 6 timp de 35 de minute, până când devine maro auriu și se desprinde de părțile laterale ale formei. Se lasa sa se raceasca in tava inainte de a le da.

Tort de zmeura cu glazura de ciocolata

Face un tort de 8"/20 cm

6 oz/¾ cană/175 g unt sau margarină, înmuiată

175 g/6 oz/¾ cană zahăr tos (foarte fin)

3 oua, batute usor

225 g/8 oz/2 căni de făină auto-crescătoare (auto-crescătoare)

100 g zmeura Pentru topping si decor:

Glazura de ciocolata alba

100 g/4 oz/1 cană ciocolată netedă (semidulce)

Bateți untul sau margarina și zahărul până devine ușor și pufos. Adaugam treptat ouale, apoi adaugam faina. Puneți zmeura în piure și apoi treceți-o printr-o sită (strecurătoare) pentru a îndepărta semințele. Se amestecă piureul în amestecul de tort, doar pentru ca acesta să treacă prin marmorarea din amestec și să nu se amestece cu el. Se toarnă într-o formă de chec de 20 cm unsă și tapetată cu unt și se coace în cuptorul preîncălzit la 180°C/350°F/benzină 4 timp de 45 de minute, până când crește bine și este elastic la atingere. Transferați pe un grătar pentru a se răci.

Întindeți glazura de unt pe tort și aspru suprafața cu o furculiță. Topiți ciocolata într-un castron termorezistent pus peste o oală cu apă clocotită. Se intinde pe o tava de copt (biscuit) si se lasa aproape sa se intareasca. Răzuiți ciocolata cu un cuțit plat și ascuțit pentru a crea bucle. Utilizați pentru a decora partea de sus a tortului.

Tort cu nisip

Face un tort de 8"/20 cm

75 g/3 oz/1/3 cană unt sau margarină, moale

75 g/3 oz/1/3 cană zahăr tos (foarte fin)

2 ouă, bătute ușor

100 g/4 oz/1 cană făină de porumb (amidon de porumb)

25 g/1 oz/¼ cană făină simplă (universal)

5 ml/1 linguriță praf de copt

50 g/2 oz/½ cană nuci amestecate tocate

Bateți untul sau margarina și zahărul până devine ușor și pufos. Adăugați treptat ouăle, apoi adăugați amidonul de porumb, făina și praful de copt. Turnați amestecul într-o tavă pătrată unsă cu unsoare de 20 cm și presărați nuca măruntită. Coaceți într-un cuptor preîncălzit la 180°C/350°F/termostat 4 timp de 1 oră până când devine elastic la atingere.

Tort cu seminte

Face un tort de 7"/18 cm

100 g/4 oz/½ cană unt sau margarină, înmuiată

100 g/4 oz/½ cană zahăr tos (foarte fin)

2 oua, batute usor

225 g/8 oz/2 căni de făină simplă (universal)

25 g/1 oz/¼ cană chimen

5 ml/1 linguriță praf de copt

Vârf de cuțit de sare

45 ml/3 linguri lapte

Bateți untul sau margarina și zahărul până devine ușor și pufos. Amestecați treptat ouăle, apoi amestecați făina, chimenul, praful de copt și sarea. Adăugați suficient lapte pentru a obține o consistență asemănătoare picăturii. Se toarnă într-o formă de tort unsă și tapetată cu unsoare de 7 cm/18 cm și se coace în cuptorul preîncălzit la 200°C/400°F/termostat 6 timp de 1 oră, până când devine elastic la atingere și începe să se desprindă de părțile laterale ale formei.

Tort inel savuros

Face un inel cu diametrul de 23 cm / 9 inchi

1 mar, curatat de coaja, fara miez si ras

30 ml/2 linguri suc de lamaie

25 g/8 oz/1 cană zahăr brun moale

5 ml/1 linguriță. ghimbir de pamant

5 ml/1 linguriță. scorțișoară măcinată

2,5 ml/½ linguriță. condimente măcinate (plăcintă cu mere)

2/3 cană/8 oz/225 g sirop de aur (porumb ușor)

250 ml/8 fl oz/1 cană ulei

10 ml/2 lingurițe praf de copt

400 g/14 oz/3 ½ căni de făină simplă (universal)

10 ml/2 lingurite de bicarbonat de sodiu (bicarbonat de sodiu)

250 ml/8 fl oz/1 cană ceai fierbinte puternic

1 ou bătut

Zahăr pudră (cofetarie), cernut, pentru stropire

Amestecați sucul de măr şi lămâie împreună. Se amestecă zahărul şi condimentele, apoi siropul şi uleiul. Adăugați praful de copt în făină şi bicarbonatul de sodiu în ceaiul fierbinte. Adăugați-le alternativ la amestec şi apoi adăugați ouăle. Se toarnă într-o formă de tort unsă şi tapetată cu grăsime de 9cm/23cm şi se coace în cuptorul preîncălzit la 180°C/termostat 4 timp de 1 oră până când devine elastic la atingere. Se lasa sa se raceasca in tava timp de 10 minute, apoi se intoarce pe un gratar pentru a termina de racit. Se serveste pudrata cu zahar pudra.

Tort cu strat picant

Face un tort de 9"/23 cm

100 g/4 oz/½ cană unt sau margarină, înmuiată

100 g/4 oz/½ cană zahăr granulat

100 g/4 oz/½ cană zahăr brun moale

2 oua batute

175 g/6 oz/1 ½ cană făină simplă (universal)

5 ml/1 linguriță praf de copt

5 ml/1 linguriță. scorțișoară măcinată

2,5 ml/½ linguriță bicarbonat de sodiu (bicarbonat de sodiu)

2,5 ml/½ linguriță. condimente măcinate (plăcintă cu mere)

Vârf de cuțit de sare

200 ml / 7 fl oz / puțin 1 cană lapte evaporat conservat

glazura cu crema de lamaie

Bateți untul sau margarina și zaharurile până devine ușor și pufos. Amestecați treptat ouăle, apoi amestecați ingredientele uscate și laptele evaporat și amestecați până la omogenizare. Se imparte in doua forme de prajitura unse si tapetate de 9cm/23cm si se coace in cuptorul preincalzit la 180°C/termostat 4 pentru 30 de minute, pana se inmoaie la atingere. Se răceşte şi apoi sandviş cu glazură de unt de lămâie.

Prajitura cu zahar cu scortisoara

Face un tort de 9"/23 cm

175 g/6 oz/1½ cani de făină auto-crescătoare

10 ml/2 linguriţe praf de copt

Vârf de cuţit de sare

175 g/6 oz/¾ cană zahăr tos (foarte fin)

2 oz/¼ cană/50 g unt sau margarină, topită

1 ou, batut usor

120 ml/4 fl oz/½ cană lapte

2,5 ml/½ linguriţă esenţă de vanilie (extract)

Pentru decor:

2 oz/¼ cană/50 g unt sau margarină, topită

50 g/2 oz/¼ cană zahăr brun moale

2,5 ml/½ linguriţă. scorţişoară măcinată

Se amestecă toate ingredientele pentru tort până se omogenizează şi se combină bine. Se toarnă într-o formă de tort de 9 cm/23 cm unsă cu unt şi se coace în cuptorul preîncălzit la 180°C/350°F/termostat 4 timp de 25 de minute până devin aurii. Ungeţi tortul fierbinte cu unt. Se amestecă zahărul şi scorţişoara şi se presară deasupra. Puneţi tortul la cuptor pentru încă 5 minute.

Tort de ceai victorian

Face un tort de 8"/20 cm

8 oz/1 cană de unt sau margarină, înmuiată

225 g/8 oz/1 cană zahăr tos (foarte fin)

225 g/8 oz/2 căni de făină auto-crescătoare (auto-crescătoare)

25 g/1 oz/¼ cană făină de porumb (amidon de porumb)

30 ml/2 linguri chimen

5 ouă, separate

Zahăr granulat pentru stropire

Frecați untul sau margarina și zahărul într-o masă palidă și pufoasă. Se amestecă făina, amidonul de porumb și chimenul. Bateți gălbenușurile și apoi adăugați-le în amestec. Bateți albușurile spumă până se întăresc, apoi amestecați-le cu grijă în amestec folosind o lingură de metal. Se toarna intr-o tava de tort unsa cu unt si tapetata cu diametrul de 20 cm si se presara cu zahar. Coaceți într-un cuptor preîncălzit la 180°C/350°F/termostat 4 timp de 1,5 ore, până când devine auriu și începe să curgă pe părțile laterale ale formei.

Tort cu fructe, totul într-unul

Face un tort de 8"/20 cm

6 oz/¾ cană/175 g unt sau margarină, înmuiată

175 g/6 oz/¾ cană zahăr brun moale

3 oua

15 ml/1 lingură sirop de aur (porumb ușor)

100 g/4 oz/½ cană cireșe glazurate (confiate)

100 g/4 oz/2/3 cană stafide (stafide aurii)

100 g/4 oz/2/3 cană stafide

225 g/8 oz/2 căni de făină auto-crescătoare (auto-crescătoare)

10 ml/2 linguri. condimente măcinate (plăcintă cu mere)

Pune toate ingredientele într-un bol și amestecă până se combină bine sau procesează într-un robot de bucătărie. Se toarnă într-o formă de tort de 20 cm unsă și tapetată cu unt și se coace în cuptorul preîncălzit la 160°C/325°F/termostat 3 timp de 1,5 ore, până când o scobitoare introdusă în centru iese curată. Se lasa sa se odihneasca in tava 5 minute, apoi se intoarce pe un gratar sa se raceasca.

Tort cu fructe, totul într-unul

Face un tort de 8"/20 cm

350 g/12 oz/2 cesti amestec de fructe uscate (amestec de prajitura cu fructe)

100 g/4 oz/½ cană unt sau margarină

100 g/4 oz/½ cană zahăr brun moale

150 ml/¼ pt/2/3 cană apă

2 oua mari batute

225 g/8 oz/2 căni de făină auto-crescătoare (auto-crescătoare)

5 ml/1 linguriță. condimente măcinate (plăcintă cu mere)

Punem fructele, untul sau margarina, zaharul si apa intr-o cratita, aducem la fiert si fierbem usor timp de 15 minute. O vom lăsa să se răcească. Se amestecă ouăle alternativ cu făina şi condimentele amestecate pe linguri şi se amestecă bine. Se toarnă într-o formă de tort de 8/20 cm unsă cu unt şi se coace în cuptorul preîncălzit la 140°C/275°F/termostat 1 timp de 1 până la 1 oră şi jumătate, până când o scobitoare introdusă în centru iese curată.

Tort australian cu fructe

Face o prăjitură de 900 g/2 lb

100 g/4 oz/½ cană unt sau margarină

225 g/8 oz/1 cană zahăr brun moale

250 ml/8 fl oz/1 cană apă

350 g/12 oz/2 cesti amestec de fructe uscate (amestec de prajitura cu fructe)

5 ml/1 lingurita bicarbonat de sodiu (bicarbonat de sodiu)

10 ml/2 linguri. condimente măcinate (plăcintă cu mere)

5 ml/1 linguriță. ghimbir de pamant

100 g/4 oz/1 cană făină auto-crescătoare

100 g/4 oz/1 cană făină simplă (universal)

1 ou bătut

Aduceți toate ingredientele cu excepția făinii și a ouălor la fiert într-o cratiță. Se ia de pe foc si se lasa sa se raceasca. Se amestecă făina și ouăle. Se pune amestecul intr-o tava de 900 g/2lb unsa si tapetata si se coace in cuptorul preincalzit la 160°C/325°F/termostat 3 timp de 1 ora, pana cand creste bine si o scobitoare introdusa in centru iese curata.

tort american bogat

Face un tort de 10"/25 cm

225 g/8 oz/1 1/3 cesti coacaze

100 g/4 oz/1 cană migdale albite

15 ml/1 lingură apă de floare de portocal

45 ml/3 linguri. lingura de sherry uscat

1 galbenus de ou mare

2 oua

350 g/12 oz/1½ cană unt sau margarină, moale

175 g/6 oz/¾ cană zahăr tos (foarte fin)

Un vârf de masă de pământ

Un praf de scortisoara macinata

Un praf de cuişoare măcinate

Un praf de ghimbir macinat

Un praf de nucsoara rasa

30 ml/2 linguri coniac

225 g/8 oz/2 căni de făină simplă (universal)

2 oz/½ cană/50 g coajă amestecată (confiată) tocată

Înmuiaţi coacăzele în apă fierbinte timp de 15 minute, apoi scurgeţi bine. Se macină migdalele cu apă de floare de portocal şi 15 ml/1 lingură de sherry până se măsoară. Bateţi gălbenuşul şi oul. Bateţi untul sau margarina şi zahărul împreună, apoi amestecaţi amestecul de migdale şi ouăle şi bateţi până când se alb şi se densează. Adăugaţi condimentele, restul de sherry şi coniacul. Se amestecă făina, apoi se amestecă coacăzele şi coaja amestecată.

Se toarnă într-o formă de tort de 10/25 cm unsă cu unt și se coace în cuptorul preîncălzit la 180°C/350°F/termostat 4 pentru aproximativ 1 oră, pană când o scobitoare introdusă în centru iese curată.

Prajitura cu fructe de roscove

Face un tort de 7"/18 cm

450 g/1 lb/2 2/3 cani de stafide

½ pct/1 ¼ cană/300 ml suc de portocale

6 oz/¾ cană/175 g unt sau margarină, înmuiată

3 oua, batute usor

225 g/8 oz/2 căni de făină simplă (universal)

75 g/3 oz/¾ cană pudră de roșcove

10 ml/2 lingurițe praf de copt

Coaja rasa de la 2 portocale

50 g/2 oz/½ cană nuci, tocate

Înmuiați stafidele în suc de portocale peste noapte. Se amestecă untul sau margarina și ouăle până se omogenizează. Se amestecă treptat stafidele și sucul de portocale și restul ingredientelor. Se toarnă într-o formă de tort de 18 cm/7 tapetată cu unt și se coace în cuptorul preîncălzit la 180°C/350°F/termostat 4 timp de 30 de minute, apoi se reduce temperatura cuptorului la 160°C/325°F/benzină 3. 1 ora jumatate pana cand o scobitoare introdusa in centru iese curata. Se lasa sa se raceasca in tava timp de 10 minute, apoi se intoarce pe un gratar pentru a termina de racit.

Prajitura cu fructe de cafea

Face un tort de 10"/25 cm

450 g/1 lb/2 căni de zahăr tos (foarte fin)

2 căni/1 lb/450 g curmale fără sâmburi (sâmbure), tocate

450 g/1 lb/22/3 cani de stafide

450 g/1 lb/22/3 cani de stafide (stafide aurii)

100 g/4 oz/½ cană cireșe glazurate (confiate), tocate

100 g/4 oz/1 cană nuci amestecate tocate

2 cesti/¾ punct/450 ml cafea neagra tare

120 ml/4 fl oz/½ cană ulei

100 g/4 oz/1/3 cană sirop de aur (porumb ușor)

10 ml/2 linguri. scorțișoară măcinată

5 ml/1 linguriță. nucșoară rasă

Vârf de cuțit de sare

10 ml/2 lingurite de bicarbonat de sodiu (bicarbonat de sodiu)

15 ml/1 lingura de apa

2 oua, batute usor

450 g/1 lb/4 căni de făină simplă (universal)

120 ml/4 fl oz/½ cană sherry sau brandy

Fierbeți toate ingredientele, cu excepția bicarbonatului de sodiu, apă, ouă, făină și sherry sau brandy într-o cratiță cu fundul greu. Se fierbe 5 minute, amestecand continuu, apoi se ia de pe foc si se lasa sa se raceasca.

Se amestecă bicarbonatul de sodiu cu apă și se adaugă la amestecul de fructe cu ouă și făină. Se toarnă într-o tavă de tort de 10/25 cm unsă și tapetată cu unt și tapetează exteriorul cu un strat dublu de hârtie de pergament (cerată) astfel încât să atârne deasupra tavii. Coaceți într-un cuptor preîncălzit la 160°C/325°F/termostat 3 timp de 1 oră. Reduceți temperatura cuptorului la 150°C/300°F/termostat 2 și coaceți încă o oră. Reduceți temperatura cuptorului la 140°C/275°F/termostat 1 și coaceți timp de a treia oră. Reduceți din nou temperatura cuptorului la 120°C/250°F/termostat ½ și coaceți o ultimă oră, acoperind partea de sus a prăjiturii cu hârtie de pergament (cerată) dacă începe să se rumenească prea mult. Dupa coacere, o frigaruie introdusa in centru va iesi curata si prajitura va incepe sa se desprinda de pe marginile tavii.

Prajitura grea din Cornish

Face o prăjitură de 900 g/2 lb

350 g/12 oz/3 căni de făină simplă (universal)

2,5 ml/½ linguriță sare

175 g/6 oz/¾ cană untură (grăsime)

75 g/3 oz/1/3 cană zahăr tos (foarte fin)

175 g/6 oz/1 cană coacăze

Puțină coajă amestecată (confiată) tocată (opțional)

Aproximativ ¼ pt/2/3 cană/150 ml lapte și apă amestecate împreună

1 ou bătut

Puneți făina și sarea într-un castron, apoi amestecați untura până când amestecul seamănă cu pesmet. Amestecați restul ingredientelor uscate. Adăugați treptat suficient lapte și apă pentru a obține un aluat tare. Nu va dura mult. Întindeți pe o foaie de copt (de gătit) unsă la aproximativ ½ inch/1 cm grosime. Ungeți cu ou bătut. Desenați un model în cruce deasupra cu vârful cuțitului. Coaceți în cuptorul preîncălzit la 160°C/325°F/termostat 3 timp de aproximativ 20 de minute până devin aurii. Se lasa sa se raceasca si apoi se taie in patrate.

Prajitura de coacaze

Face un tort de 9"/23 cm

225 g/8 oz/1 cană unt sau margarină

300 g/11 oz/1 ½ cană zahăr tos (foarte fin)

Vârf de cuțit de sare

100 ml/3½ fl oz/6½ linguri de apă clocotită

3 oua

400 g/14 oz/3 ½ căni de făină simplă (universal)

175 g/6 oz/1 cană coacăze

2 oz/½ cană/50 g coajă amestecată (confiată) tocată

100 ml/3½ fl oz/6½ linguri de apă rece

15 ml/1 linguriță praf de copt

Intr-un castron se pune untul sau margarina, zaharul si sarea, se acopera cu apa clocotita si se lasa sa stea pana se inmoaie. Bateți repede până devine ușor și cremos. Adaugam treptat ouale, apoi amestecam faina, coacazele si coaja amestecata alternativ cu apa rece. Adăugați praful de copt. Se toarnă aluatul într-o formă de tort de 9 cm/23 cm unsă cu unt și se coace în cuptorul preîncălzit la 180°C/350°F/termostat 4 timp de 30 de minute. Reduceți temperatura cuptorului la 150°C/300°F/termostat 2 și coaceți încă 40 de minute, până când o scobitoare introdusă în centru iese curată. Lăsați să se răcească în tavă timp de 10 minute înainte de a se întoarce pentru a se termina de răcit pe un grătar.

Tort cu fructe negre

Face un tort de 10"/25 cm

8 oz/1 cană amestec de fructe glazurate (confiate), tocate

2 căni/12 oz/350 g curmale fără sâmburi (sâmbure), tocate

8 oz/11/3 cani de stafide

8 oz/1 cană cireșe glazurate (confiate), tocate

100 g/4 oz/½ cană de ananas congelat (confiat), tocat

100 g/4 oz/1 cană nuci amestecate tocate

225 g/8 oz/2 căni de făină simplă (universal)

5 ml/1 lingurita bicarbonat de sodiu (bicarbonat de sodiu)

5 ml/1 linguriță. scorțișoară măcinată

2,5 ml/½ linguriță. ienibahar

1,5 ml/¼ linguriță cuișoare măcinate

1,5 ml/¼ linguriță sare

225 g/8 oz/1 cană untură (grăsime)

225 g/8 oz/1 cană zahăr brun moale

3 oua

175 g/6 oz/½ cană melasă (melasă)

2,5 ml/½ linguriță esență de vanilie (extract)

120 ml/4 fl oz/½ cană zară

Se amestecă fructele și nucile. Combinați făina, bicarbonatul de sodiu, condimentele și sarea și amestecați ½ cană/2 oz/50 g de fructe. Bate untura si zaharul pana devine usoara si pufoasa. Adaugam treptat ouale batand bine dupa fiecare adaugare. Se amestecă melasa și esența de vanilie. Adăugați zara alternativ cu făina rămasă și bateți până se omogenizează. Se amestecă fructele. Se toarnă într-o formă de tort de 10/25 cm unsă și tapetată cu unt și se coace în cuptorul preîncălzit la 140°C/275°F/termostat 1 timp de 2 ore și jumătate până când o scobitoare introdusă în centru iese curată. Se lasa sa se raceasca in tava timp de 10 minute, apoi se intoarce pe un gratar pentru a termina de racit.

Tort uluitor

Face un tort de 8"/20 cm

12/3 căni/10 oz/275 g amestec de fructe uscate (amestec de prăjitură cu fructe)

100 g/4 oz/½ cană unt sau margarină

150 ml/¼ pt/2/3 cană apă

1 ou bătut

225 g/8 oz/2 căni de făină simplă (universal)

Vârf de cuțit de sare

100 g/4 oz/½ cană zahăr tos (foarte fin)

Puneti fructele, untul sau margarina si apa intr-o cratita si fierbeti 20 de minute. O vom lăsa să se răcească. Adaugam ouale si amestecam treptat faina, sarea si zaharul. Se toarnă într-o formă de tort de 20 cm/8 cu unt și se coace în cuptorul preîncălzit la 160°C/325°F/termostat 3 timp de 1 oră și 30 de minute, până când o scobitoare introdusă în centru iese curată.

tort Dundee

Face un tort de 8"/20 cm

8 oz/1 cană de unt sau margarină, înmuiată

225 g/8 oz/1 cană zahăr tos (foarte fin)

4 ouă mari

225 g/8 oz/2 căni de făină simplă (universal)

Vârf de cuțit de sare

350 g/12 oz/2 căni de coacăze

350 g/12 oz/2 căni de stafide (stafide aurii)

175 g/6 oz/1 cană coajă amestecată (confiată) tocată

100 g/4 oz/1 cană cireșe glazurate (confiate), tăiate în sferturi

Coaja rasă de ½ lămâie

50g/2oz migdale întregi, albite

Bateți untul și zahărul până când palid și ușor. Adaugati ouale pe rand, batand bine intre fiecare adaugare. Se amestecă făina și sarea. Se amestecă fructele și coaja de lămâie. Tăiați jumătate din migdale și adăugați-le la amestec. Se toarnă într-o tavă de tort unsă și tapetată cu unsoare de 8"/20 cm și se leagă o fâșie de hârtie maro în jurul exteriorului tavii, astfel încât să fie cu aproximativ 2"/5 cm mai sus decât tava. Împărțiți migdalele rezervate și stivuiți-le în cercuri concentrice deasupra prăjiturii. Coaceți în cuptorul preîncălzit la 150°C/300°F/termostat 2 timp de 3 ore și jumătate până când o scobitoare introdusă în centru iese curată. Verifica dupa 2:30 si daca prajitura nu se rumeneste prea mult deasupra,

Prajitura cu fructe peste noapte fara oua

Face un tort de 8"/20 cm

2 oz/¼ cană/50 g unt sau margarină

225 g/8 oz/2 căni de făină auto-crescătoare (auto-crescătoare)

5 ml/1 lingurita bicarbonat de sodiu (bicarbonat de sodiu)

5 ml/1 linguriță. nucșoară rasă

5 ml/1 linguriță. condimente măcinate (plăcintă cu mere)

Vârf de cuțit de sare

225 g/8 oz/11/3 cani amestec de fructe uscate (amestec de prajitura cu fructe)

100 g/4 oz/½ cană zahăr brun moale

250 ml/8 fl oz/1 cană lapte

Frecați untul sau margarina în făină, bicarbonat de sodiu, condimente și sare până când amestecul seamănă cu pesmet. Se amestecă fructele și zahărul, apoi se amestecă laptele până când toate ingredientele sunt bine combinate. Acoperiți și lăsați peste noapte.

Se toarnă amestecul într-o formă de tort de 20 cm/8 tapetată cu unt și se coace în cuptorul preîncălzit la 180°C/350°F/termostat 4 timp de 1 oră și 30 de minute, până când o scobitoare introdusă în centru iese curată.

O prajitura inconfundabila cu fructe

Face un tort de 9"/23 cm

225 g/8 oz/1 cană unt sau margarină

200 g / 7 oz / puțin 1 cană zahăr tos (foarte fin)

175 g/6 oz/1 cană coacăze

175 g/6 oz/1 cană stafide (stafide aurii)

2 oz/½ cană/50 g coajă amestecată (confiată) tocată

75 g/3 oz/½ cană curmale fără sâmburi, tocate

5 ml/1 lingurita bicarbonat de sodiu (bicarbonat de sodiu)

200 ml / 7 fl oz / abia 1 cană de apă

2 oz/¼ cană (75 g) cireșe glazurate (confiate), tocate

100 g/4 oz/1 cană nuci amestecate tocate

60 ml/4 linguri rachiu sau sherry

300 g/11 oz/2¾ cani de făină simplă (universal)

5 ml/1 linguriță praf de copt

Vârf de cuțit de sare

2 oua, batute usor

Topiți untul sau margarina, apoi adăugați zahărul, coacăzele, stafidele, coaja și curmalele. Se amestecă bicarbonatul de sodiu cu puțină apă și se amestecă în amestecul de fructe cu apa rămasă. Se aduce la fierbere, apoi se fierbe usor timp de 20 de minute, amestecand din cand in cand. Acoperiți și lăsați să stea peste noapte.

Tapetați o formă de tort (forma) de 9cm/23cm cu unt și tapetați cu un strat dublu de pergament (cerat) sau hârtie maro pentru a ține deasupra formei. Se amestecă cireșele glazurate, nucile și țuica sau sherry, apoi se amestecă făina, praful de copt și sarea. Se amestecă ouăle. Se toarnă în tava de tort pregătită și se coace într-un cuptor preîncălzit la 160°C/325°F/termostat 3 timp de 1 oră. Reduceți temperatura cuptorului la 140°C/275°F/termostat 1 și coaceți încă o oră. Reduceți din nou temperatura cuptorului la 120°C/250°F/termostat ½ și coaceți încă 1 oră, până când o scobitoare introdusă în centru iese curată. Spre sfârșitul coacerii, acoperiți partea de sus a prăjiturii cu un cerc de pergament sau hârtie maro dacă se rumenește prea mult. Se lasa sa se raceasca in tava 30 de minute,

Tort cu fructe de ghimbir

Face un tort de 7"/18 cm

100 g/4 oz/½ cană unt sau margarină, înmuiată

100 g/4 oz/½ cană zahăr tos (foarte fin)

2 oua, batute usor

30 ml/2 linguri lapte

225 g/8 oz/2 căni de făină auto-crescătoare (auto-crescătoare)

5 ml/1 linguriță praf de copt

10 ml/2 linguri. condimente măcinate (plăcintă cu mere)

5 ml/1 linguriță. ghimbir de pamant

100 g/4 oz/2/3 cană stafide

100 g/4 oz/2/3 cană stafide (stafide aurii)

Bateți untul sau margarina și zahărul până devine ușor și pufos. Se adauga treptat ouale si laptele, apoi faina, praful de copt si condimentele, apoi fructele. Se toarnă amestecul într-o formă de tort unsă și tapetată cu grăsime de 7/18 cm și se coace în cuptorul preîncălzit la 160°C/325°F/termostat 3 timp de 1,5 ore până când se umflă bine și devine auriu.

Tort cu fructe cu miere de fermă

Face un tort de 8"/20 cm

2/3 cană/6 oz/175 g unt sau margarină, înmuiată

175 g/6 oz/½ cană miere simplă

Coaja rasă de 1 lămâie

3 oua, batute usor

225 g/8 oz/2 căni de făină de grâu integral (grâu integral)

10 ml/2 lingurițe praf de copt

5 ml/1 linguriță. condimente măcinate (plăcintă cu mere)

100 g/4 oz/2/3 cană stafide

100 g/4 oz/2/3 cană stafide (stafide aurii)

100 g/4 oz/2/3 cană coacăze

2 oz / 1/3 ceasca de caise uscate gata de consumat tocate

2 oz/50 g/1/3 cană coajă amestecată (confiată), tocată

25 g/1 oz/¼ cană migdale măcinate

25 g/1 oz/¼ cană migdale

Frecați untul sau margarina, mierea și coaja de lămâie într-o masă ușoară și pufoasă. Adăugați treptat ouăle, apoi amestecați făina, praful de copt și amestecul de condimente. Se amestecă fructele și migdalele măcinate. Se toarnă într-o formă de chec unsă și tapetată cu unt cu diametrul de 20 cm și se face o adâncime mică în centru. Aranjați migdalele pe marginea de sus a prăjiturii. Coaceți într-un cuptor preîncălzit la 160°C/325°F/termostat 3 timp de 2 până la 2½ ore, până când o scobitoare introdusă în centru iese curată. Spre sfârșitul coacerii, acoperiți partea de sus a prăjiturii cu hârtie de pergament (cerată) dacă se rumenește prea mult. Se lasa sa se raceasca in tava timp de 10 minute, apoi se intoarce pe un gratar pentru a termina de racit.

prăjitură genoveză

Face un tort de 9"/23 cm

8 oz/1 cană de unt sau margarină, înmuiată

100 g/4 oz/½ cană zahăr tos (foarte fin)

4 ouă, separate

5 ml/1 linguriță. esență de migdale (extract)

5 ml/1 linguriță. coaja de portocala rasa

8 oz/11/3 cani de stafide, tocate

2/3 cană/100 g coacăze roșii, tocate

2/3 cana/100 g stafide aurii, tocate

2 oz/50 g/¼ cană cireșe glazurate (confiate), tocate

2 oz/50 g/1/3 cană coajă amestecată (confiată), tocată

100 g/4 oz/1 cană migdale măcinate

25 g/1 oz/¼ cană migdale

350 g/12 oz/3 căni de făină simplă (universal)

10 ml/2 lingurițe praf de copt

5 ml/1 linguriță. scorțișoară măcinată

Crema untul sau margarina si zaharul, apoi adaugam galbenusurile, esenta de migdale si coaja de portocala. Se amestecă fructele și nucile cu puțină făină până se îmbracă, apoi se amestecă alternativ făina, praful de copt și scorțișoara lingură cu lingură în amestecul de fructe până se combină bine. Bateți albușurile spumă până se întăresc și apoi adăugați-le în amestec. Se toarnă într-o formă de tort de 9 cm/23 cm tapetată cu unt și se coace în cuptorul preîncălzit la 190°C/375°F/termostat 5 timp de 30 de minute, apoi se reduce temperatura cuptorului la

160°C/325°F/benzină încă 3 1½ ore, până când este elastică la atingere şi o scobitoare introdusă în centru iese curată. Se lasa la racit intr-un bol.

Tort cu inghetata cu fructe

Face un tort de 9"/23 cm

8 oz/1 cană de unt sau margarină, înmuiată

225 g/8 oz/1 cană zahăr tos (foarte fin)

4 oua, batute usor

45 ml/3 linguri. coniac

250 g/9 oz/1 ¼ cană făină simplă (universal)

2,5 ml/½ linguriță praf de copt

Vârf de cuțit de sare

8 oz/1 cană amestec de fructe congelate (confiate), cum ar fi cireșe, ananas, portocale, smochine, feliate

100 g/4 oz/2/3 cană stafide

100 g/4 oz/2/3 cană stafide (stafide aurii)

75 g/3 oz/½ cană coacăze

50 g/2 oz/½ cană nuci amestecate tocate

Coaja rasă de 1 lămâie

Bateți untul sau margarina și zahărul până devine ușor și pufos. Adăugați treptat ouăle și coniacul. Într-un castron separat, amestecați restul ingredientelor până când fructele sunt bine acoperite cu făină. Adăugați la amestec și amestecați bine. Se toarnă într-o formă unsă cu unt de 9/23 cm și se coace în cuptorul preîncălzit la 180°C/350°F/termostat 4 timp de 30 de minute. Reduceți temperatura cuptorului la 150°C/300°F/termostat 3 și coaceți încă 50 de minute, până când o scobitoare introdusă în centru iese curată.

Prajitura cu fructe Guinness

Face un tort de 9"/23 cm

225 g/8 oz/1 cană unt sau margarină

225 g/8 oz/1 cană zahăr brun moale

½ punct/1 ¼ cană/300 ml Guinness sau stout

8 oz/11/3 cani de stafide

225 g/8 oz/11/3 cani de stafide (stafide aurii)

225 g/8 oz/11/3 cesti coacaze

2/3 cană/100 g coajă amestecată (confiată), tocată

550 g/1¼ lb/5 căni făină simplă (universal)

2,5 ml/½ linguriță bicarbonat de sodiu (bicarbonat de sodiu)

5 ml/1 linguriță. condimente măcinate (plăcintă cu mere)

2,5 ml/½ linguriță nucșoară rasă

3 oua, batute usor

Aduceți untul sau margarina, zahărul și Guinness la fierbere într-o cratiță mică la foc mic, amestecând până se combină bine. Se amestecă fructele și coaja amestecată, se aduce la fierbere și apoi se fierbe timp de 5 minute. Se ia de pe foc si se lasa sa se raceasca.

Se amestecă făina, bicarbonatul de sodiu și condimentele și se face un godeu în mijloc. Adăugați amestecul de fructe proaspete și ouă și amestecați până se omogenizează. Se toarnă într-o formă de tort de 23 cm/9 cm unsă și tapetată cu unt și se coace în cuptorul preîncălzit la 160°C/325°F/termostat 3 timp de 2 ore, până când o scobitoare introdusă în centru iese curată. Se lasa sa se raceasca in tava timp de 20 de minute, apoi se intoarce pe un gratar pentru a termina racirea.

Tort cu carne tocată

Face un tort de 8"/20 cm

225 g/8 oz/2 căni de făină auto-crescătoare (auto-crescătoare)

350 g/12 oz/2 căni tocată

75 g/3 oz/½ cană amestec de fructe uscate (amestec de prăjitură cu fructe)

3 oua

2/3 cană/5 oz/150 g margarină moale

2/3 cană/5 oz/150 g zahăr brun moale

Se amestecă toate ingredientele până se combină bine. Se toarnă într-o formă de tort unsă și tapetată cu unt de 20 cm și se coace într-un cuptor preîncălzit la 160°C/325°F/termostat 3 timp de 1,5 ore, până când crește bine și ferm la atingere.

Prajitura cu fructe de ovaz si caise

Face un tort de 8"/20 cm

6 oz/¾ cană/175 g unt sau margarină, înmuiată

50 g/2 oz/¼ cană zahăr brun moale

30 ml/2 linguri de miere pura

3 oua batute

175 g/6 oz/¼ cană făină de grâu integral (grâu integral)

50 g/2 oz/½ cană făină de ovăz

10 ml/2 lingurițe praf de copt

250 g/9 oz/1½ cană amestec de fructe uscate (amestec de prăjitură cu fructe)

2 oz / 1/3 ceasca de caise uscate gata de consumat tocate

Coaja rasa si zeama de la 1 lamaie

Bateți untul sau margarina și zahărul cu mierea până devine ușor și pufos. Se adauga treptat ouale, alternand cu faina si praful de copt. Se amestecă fructele uscate și sucul și coaja de lămâie. Se toarnă într-o formă de tort unsă cu unt și tapetată cu unt de 20 cm și se coace în cuptorul preîncălzit la 180°C/350°F/termostat 4 timp de 1 oră. Reduceți temperatura cuptorului la 160°C/325°F/termostat 3 și coaceți încă 30 de minute, până când o scobitoare introdusă în centru iese curată. Dacă prăjitura începe să se rumenească prea repede, acoperiți blatul cu hârtie de copt.

Tort cu fructe de noapte

Face un tort de 8"/20 cm

450 g/1 lb/4 căni de făină simplă (universal)

225 g/8 oz/1 1/3 cesti coacaze

225 g/8 oz/1 1/3 cani de stafide (stafide aurii)

225 g/8 oz/1 cană zahăr brun moale

2 oz/50 g/1/3 cană coajă amestecată (confiată), tocată

175 g/6 oz/¾ cană untură (grăsime)

15 ml/1 lingură sirop de aur (porumb ușor)

10 ml/2 lingurite de bicarbonat de sodiu (bicarbonat de sodiu)

15 ml/1 lingura de lapte

300 ml/½ pt/1¼ cană apă

Se amestecă făina, fructele, zahărul și coaja. Se topește untura și siropul și se amestecă în amestec. Dizolvați bicarbonatul de sodiu în lapte și amestecați în amestecul de tort și apă. Se toarnă într-o formă unsă cu unt de 8 inchi/20 cm, se acoperă și se lasă să stea peste noapte.

Coaceți tortul în cuptorul preîncălzit la 160°C/375°F/termostat 3 timp de 1,5 ore, până când o scobitoare introdusă în centru iese curată.

Prajitura cu stafide si condimente

Face o pâine de 900 g/2 lb

225 g/8 oz/1 cană zahăr brun moale

300 ml/½ pt/1¼ cană apă

100 g/4 oz/½ cană unt sau margarină

15 ml/1 lingură melasă (melasă)

175 g/6 oz/1 cană stafide

5 ml/1 linguriță. scorțișoară măcinată

2. 5 ml/½ linguriță. nucșoară rasă

2,5 ml/½ linguriță. ienibahar

225 g/8 oz/2 căni de făină simplă (universal)

5 ml/1 linguriță praf de copt

5 ml/1 lingurita bicarbonat de sodiu (bicarbonat de sodiu)

Într-o cratiță mică la foc mediu, amestecând constant, topește zahărul, apa, untul sau margarina, melasa, stafidele și condimentele. Se aduce la fierbere și se fierbe timp de 5 minute. Se ia de pe foc si se amesteca restul ingredientelor. Se toarnă amestecul într-o tavă de 900g unsă și tapetată cu grăsime și se coace în cuptorul preîncălzit la 180°C/termostat 4 timp de 50 de minute până când o scobitoare introdusă iese curată. Centrul nu va iesi curat.

tort Richmond

Face un tort de 6"/15 cm

225 g/8 oz/2 căni de făină simplă (universal)

Vârf de cuțit de sare

75 g/3 oz/1/3 cană unt sau margarină

100 g/4 oz/½ cană zahăr tos (foarte fin)

2,5 ml/½ linguriță praf de copt

100 g/4 oz/2/3 cană coacăze

2 oua batute

Un pic de lapte

Puneți făina și sarea într-un castron și amestecați untul sau margarina până când amestecul seamănă cu pesmet. Adăugați zahăr, drojdie și coacăze. Adăugați ouăle și suficient lapte pentru a forma un aluat tare. Formează o formă de tort unsă cu unt și tapetată cu 15 cm/6. Coacem in cuptorul preincalzit la 190°C/375°F/termostat 5 aproximativ 45 de minute, pana cand o scobitoare introdusa in centru iese curata. Se lasa la racit pe un gratar.

Prajitura cu fructe de sofran

Face două prăjituri de 450 g

2,5 ml/½ linguriță șuvițe de șofran

Apa fierbinte

15 g/½ oz drojdie proaspătă sau 20 ml/4 linguri. drojdie uscata

8 căni/2 lbs/900 g făină simplă (universal)

225 g/8 oz/1 cană zahăr tos (foarte fin)

2,5 ml/½ linguriță. condimente măcinate (plăcintă cu mere)

Vârf de cuțit de sare

100 g / 4 oz / ½ cană untură (grăsime)

100 g/4 oz/½ cană unt sau margarină

300 ml/½ punct/1¼ cană lapte fierbinte

350 g/12 oz/2 cesti amestec de fructe uscate (amestec de prajitura cu fructe)

2 oz / 1/3 cana coaja amestecata (confiata) tocata

> Tăiați șuvițele de șofran și înmuiați-le peste noapte în 45 ml/3 linguri de apă caldă.

Se amestecă drojdia cu 30 ml/2 linguri de făină, 5 ml/1 linguriță de zahăr și 75 ml/5 linguri de apă caldă și se lasă la loc cald timp de 20 de minute până devine spumoasă.

Amestecă restul de făină și zahăr cu condimente și sare. Se unge untura si untul sau margarina pana cand amestecul seamana cu pesmet, apoi se face o gaura in centru. Adăugați amestecul de aluat, șofranul și lichidul de șofran, laptele cald, amestecul de fructe și coaja și amestecați până la un aluat moale. Se pune intr-un vas uns cu ulei, se acopera cu folie de plastic si se lasa la loc cald timp de 3 ore.

Se modelează două pâini, se pun în două forme unse de 1 lb/450g și se coace în cuptorul preîncălzit la 220°C/termostat 7 timp de 40 de minute, până când sunt bine crescute și aurii.

Prajitura cu fructe cu sifon

Face o prăjitură de 450 g/1 lb

225 g/8 oz/2 căni de făină simplă (universal)

1,5 ml/¼ linguriță sare

Un praf de bicarbonat de sodiu (bicarbonat de sodiu)

2 oz/¼ cană/50 g unt sau margarină

50 g/2 oz/¼ cană zahăr tos (foarte fin)

2/3 cană/4 oz/100 g fructe amestecate uscate (amestec de prăjitură cu fructe)

¼ pct/2/3 cană/150 ml brânză de vaci sau lapte cu 1 linguriță/5 ml suc de lămâie

5 ml/1 linguriță. melasă neagră (melasă)

Amestecați făina, sarea și bicarbonatul de sodiu într-un castron. Frecați untul sau margarina până când amestecul seamănă cu pesmet. Adăugați zahărul și fructele și amestecați bine. Se încălzește laptele și melasa până când se dizolvă melasa, apoi se adaugă la ingredientele uscate și se amestecă pentru a forma o pastă tare. Se toarnă într-o tavă unsă de 450 g/1 lb și se coace în cuptorul preîncălzit la 190°C/termostat 5 pentru aproximativ 45 de minute până se rumenește.

Tort rapid cu fructe

Face un tort de 8"/20 cm

450g/1lb/22/3 cesti amestec de fructe uscate (amestec de prajitura cu fructe)

225 g/8 oz/1 cană zahăr brun moale

100 g/4 oz/½ cană unt sau margarină

150 ml/¼ pt/2/3 cană apă

2 oua batute

225 g/8 oz/2 căni de făină auto-crescătoare (auto-crescătoare)

Aduceți fructele, zahărul, untul sau margarina și apa la fiert, apoi acoperiți și fierbeți ușor timp de 15 minute. O vom lăsa să se răcească. Se amestecă oul și făina, apoi se toarnă amestecul într-o formă de tort de 20 cm/8 tapetată cu uns și se coace în cuptorul preîncălzit la 150°C/300°F/termostat 3 pentru 1 oră și jumătate, până când blatul devine auriu și se întărește. mai departe de laturile cutiei.

Tort cu fructe cu ceai fierbinte

Face o prăjitură de 900 g/2 lb

450 g/1 lb/2½ cesti amestec de fructe uscate (amestec de prajitura cu fructe)

½ pct/1 ¼ cană/300 ml ceai negru fierbinte

10 oz/350 g/1 ¼ cană de zahăr brun moale

350 g/10 oz/2½ căni de făină auto-crescătoare

1 ou bătut

Pune fructele în ceai fierbinte și lasă-l la infuzat peste noapte. Se amestecă zahărul, făina și ouăle și se procesează într-o tavă unsă și tapetată cu 900 g/2 lb. Coaceți în cuptorul preîncălzit la 160°C/325°F/termostat 3 timp de 2 ore până când crește bine și devine auriu.

Prajitura cu fructe cu ceai cu gheata

Face un tort de 6"/15 cm

100 g/4 oz/½ cană unt sau margarină

225 g/8 oz/11/3 cani amestec de fructe uscate (amestec de prajitura cu fructe)

250 ml/8 fl oz/1 cană ceai negru rece

225 g/8 oz/2 căni de făină auto-crescătoare (auto-crescătoare)

100 g/4 oz/½ cană zahăr tos (foarte fin)

5 ml/1 lingurita bicarbonat de sodiu (bicarbonat de sodiu)

1 ou mare

Topiți untul sau margarina într-o cratiță, adăugați fructele și ceaiul și aduceți la fierbere. Se fierbe 2 minute, apoi se lasa la racit. Adăugați restul ingredientelor și amestecați bine. Se toarnă într-o formă de tort unsă și tapetată cu unt de 6/15 cm și se coace în cuptorul preîncălzit la 160°C/termostat 3 timp de 1¼-1½ oră până când este ferm la atingere. Se lasa sa se raceasca, apoi se serveste feliate si unse cu unt.

Prajitura cu fructe fara zahar

Face un tort de 8"/20 cm

4 caise uscate

60 ml/4 linguri suc de portocale

8 fl oz/1 cană de carne neagră

100 g/4 oz/2/3 cană stafide (stafide aurii)

100 g/4 oz/2/3 cană stafide

50 g/2 oz/¼ cană coacăze

2 oz/¼ cană/50 g unt sau margarină

225 g/8 oz/2 căni de făină auto-crescătoare (auto-crescătoare)

75 g/3 oz/¾ cană nuci amestecate tocate

10 ml/2 linguri. condimente măcinate (plăcintă cu mere)

5 ml/1 lingurita praf de cafea instant

3 oua, batute usor

15 ml/1 lingură coniac sau whisky

Înmuiați caisele în suc de portocale până când se înmoaie, apoi tocați. Se pune intr-o oala cu bulion, fructe uscate si unt sau margarina, se aduce la fiert si se fierbe 20 de minute. O vom lăsa să se răcească.

Se amestecă făina, nucile, condimentele și cafeaua. Se amestecă amestecul gros, oul și brandy sau whisky. Se toarnă amestecul într-o formă de tort de 20 cm/8 tapetată cu unt și se coace în cuptorul preîncălzit la 180°C/350°F/termostat 4 timp de 20 de minute. Reduceți temperatura cuptorului la 150°C/300°F/termostat 2 și coaceți încă o oră și jumătate, până când o scobitoare introdusă în centru iese curată. Spre sfârșitul gătitului, acoperiți blatul cu hârtie de pergament (cerată) dacă devine prea maro. Se lasa sa se raceasca in tava timp de 10 minute, apoi se intoarce pe un gratar pentru a termina de racit.

Scones cu fructe

Dă 48

100 g/4 oz/½ cană unt sau margarină, înmuiată

225 g/8 oz/1 cană zahăr brun moale

2 oua, batute usor

175 g/6 oz/1 cană curmale fără sâmburi (sâmbure), tocate

50 g/2 oz/½ cană nuci amestecate tocate

15 ml/1 lingură coajă de portocală rasă

225 g/8 oz/2 căni de făină simplă (universal)

5 ml/1 lingurita bicarbonat de sodiu (bicarbonat de sodiu)

2,5 ml/½ linguriță sare

¼ pct/150 ml/2/3 cană zară

6 cirese glazurate (confiate), feliate

Glazura de prajitura cu fructe de portocale

Crema unt sau margarina si zahar pana devine usoara si pufoasa. Bateți ouăle puțin pe rând. Se amestecă curmalele, nucile și coaja de portocală. Se amestecă făina, bicarbonatul de sodiu și sarea. Se adauga in amestec alternativ cu zara si se bate pana se omogenizeaza bine. Se pun în forme unse de 5 cm/2 pentru brioșe și se decorează cu cireșe. Coaceți în cuptorul preîncălzit la 190°C/375°F/termostat 5 timp de 20 de minute, până când o scobitoare introdusă în centru iese curată. Transferați pe un suport de răcire și lăsați până se încălzește, apoi ungeți cu glazură de portocale.

Prajitura cu fructe cu otet

Face un tort de 9"/23 cm

225 g/8 oz/1 cană unt sau margarină

450 g/1 lb/4 căni de făină simplă (universal)

225 g/8 oz/1 1/3 cani de stafide (stafide aurii)

100 g/4 oz/2/3 cană stafide

100 g/4 oz/2/3 cană coacăze

225 g/8 oz/1 cană zahăr brun moale

5 ml/1 lingurita bicarbonat de sodiu (bicarbonat de sodiu)

300 ml/½ punct/1¼ cană lapte

45 ml/3 linguri oțet de malț

Frecați untul sau margarina în făină până când amestecul seamănă cu pesmet. Se amestecă fructele și zahărul și se face un godeu în mijloc. Amestecați bicarbonatul de sodiu, laptele și oțetul - amestecul va face spumă. Se amestecă în ingredientele uscate până se combină bine. Se toarnă amestecul într-o formă de tort de 23 cm/9 cm tapetată cu unt și se coace în cuptorul preîncălzit la 200°C/400°F/termostat 6 timp de 25 de minute. Reduceți temperatura cuptorului la 160°C/325°F/termostat 3 și coaceți încă o oră și jumătate, până când devine maro auriu și ferm la atingere. Se lasa sa se raceasca in tava 5 minute, apoi se intoarce pe un gratar pentru a termina de racit.

Tort cu whisky Virginia

Face o prăjitură de 450 g/1 lb

100 g/4 oz/½ cană unt sau margarină, înmuiată

50 g/2 oz/¼ cană zahăr tos (foarte fin)

3 ouă, separate

175 g/6 oz/1 ½ cană făină simplă (universal)

5 ml/1 linguriță praf de copt

Un praf de nucsoara rasa

Un vârf de masă de pământ

Port 120 ml/4 fl oz/½ cană

30 ml/2 linguri coniac

2/3 cană/4 oz/100 g fructe amestecate uscate (amestec de prăjitură cu fructe)

120 ml/4 fl oz/½ cană de whisky

Bateți untul și zahărul până la omogenizare. Se amestecă gălbenușurile. Combinați făina, praful de copt și condimentele și amestecați în amestec. Se amestecă portocul, conicul și fructele uscate. Albusurile se bat spuma pana formeaza varfuri moi, apoi se pliaza in amestec. Se toarnă într-o tavă unsă de 450 g/1 lb și se coace în cuptorul preîncălzit la 160°C/325°F/termostat 3 timp de 1 oră, până când o scobitoare introdusă în centru iese curată. Se lasa la racit in tava, apoi se toarna whisky-ul peste prajitura si se lasa sa se odihneasca in tava 24 de ore inainte de a se felia.

Prajitura cu fructe galeza

Face un tort de 9"/23 cm

2 oz/¼ cană/50 g unt sau margarină

50 g/2 oz/¼ cană untură (grăsime)

225 g/8 oz/2 căni de făină simplă (universal)

Vârf de cuțit de sare

10 ml/2 lingurițe praf de copt

100 g/4 oz/½ cană zahăr demerara

175 g/6 oz/1 cană amestec de fructe uscate (amestec de prăjitură cu fructe)

Coaja rasă și suc de ½ lămâie

1 ou, batut usor

30 ml/2 linguri lapte

Frecați untul sau margarina și untura în făină, sare și drojdie până când amestecul seamănă cu pesmet. Se amestecă zahărul, fructele și coaja și sucul de lămâie, apoi se amestecă ouăle cu laptele și se frământă până se obține un aluat flexibil. Se formează într-o tavă pătrată unsă și tapetată cu unt de 9cm/23cm și se coace în cuptorul preîncălzit la 200°C/termostat 6 timp de 20 de minute până când devine auriu.

Tort cu fructe albe

Face un tort de 9"/23 cm

100 g/4 oz/½ cană unt sau margarină, înmuiată

225 g/8 oz/1 cană zahăr tos (foarte fin)

5 oua, batute usor

350 g/12 oz/2 căni de fructe uscate amestecate

350 g/12 oz/2 căni de stafide (stafide aurii)

2/3 cană/4 oz/100 g curmale fără sâmburi (sâmbure), tocate

100 g/4 oz/½ cană cireșe glazurate (confiate), tocate

100 g/4 oz/½ cană de ananas congelat (confiat), tocat

100 g/4 oz/1 cană nuci amestecate tocate

225 g/8 oz/2 căni de făină simplă (universal)

10 ml/2 lingurițe praf de copt

2,5 ml/½ linguriță sare

60 ml/4 lingurite suc de ananas

Bateți untul sau margarina și zahărul până devine ușor și pufos. Adaugam treptat ouale batand bine dupa fiecare adaugare. Se amestecă toate fructele, nucile și puțină făină până când ingredientele sunt bine acoperite în făină. Cerneți praful de copt și sarea în făina rămasă, apoi amestecați în amestecul de ouă alternativ cu sucul de ananas până se omogenizează bine. Adăugați fructele și amestecați bine. Se toarnă într-o formă de tort de 9/23 cm unsă și tapetată cu unt și se coace în cuptorul preîncălzit la 140°C/275°F/termostat 1 pentru aproximativ 2 ore și jumătate, până când o scobitoare introdusă în centru iese curată. Se lasa sa se raceasca in tava timp de 10 minute, apoi se intoarce pe un gratar pentru a termina de racit.

prăjitură cu mere

Face un tort de 8"/20 cm

175 g/6 oz/1½ cani de făină auto-crescătoare

5 ml/1 linguriță praf de copt

Vârf de cuțit de sare

2/3 cană/5 oz/150 g unt sau margarină

2/3 cană/5 oz/150 g zahăr tos (foarte fin)

1 ou bătut

6 fl oz/¾ cană lapte

3 mănâncă mere (desert), curățate de coajă, fără miez și feliate

2,5 ml/½ linguriță. scorțișoară măcinată

15 ml / 1 lingura de miere pura

Se amestecă făina, puterea de gătit și sarea. Se amestecă untul sau margarina până când amestecul seamănă cu pesmet, apoi se amestecă zahărul. Se amestecă ouăle și laptele. Se toarnă amestecul într-o formă de chec unsă și tapetată cu unt cu diametrul de 20 cm și se presează ușor feliile de măr deasupra. Stropiți cu scorțișoară și stropiți cu miere. Coaceți în cuptorul preîncălzit la 200°C/400°F/termostat 6 timp de 45 de minute, până când devine maro auriu și ferm la atingere.

Plăcintă cu mere picantă și crocantă

Face un tort de 8"/20 cm

75 g/3 oz/1/3 cană unt sau margarină

175 g/6 oz/1½ cani de făină auto-crescătoare

50 g/2 oz/¼ cană zahăr tos (foarte fin)

1 ou

75 ml/5 linguri apă

3 mere de masă (desert), decojite, fără miez și tăiate în sferturi

Pentru decor:

75 g/3 oz/1/3 cană zahăr demerara

10 ml/2 linguri. scorțișoară măcinată

25 g/1 oz/2 linguri de unt sau margarină

Frecați untul sau margarina în făină până când amestecul seamănă cu pesmet. Se amestecă zahărul, apoi se amestecă ouăle și apa pentru a obține un aluat flexibil. Dacă amestecul este prea uscat, mai adăugați puțină apă. Întindeți aluatul într-o formă de tort de 20 cm/8 cm și presați merele în aluat. Se presara cu zahar demerara si scortisoara si se stropesc cu unt sau margarina. Coaceți într-un cuptor preîncălzit la 180°C/350°F/termostat 4 timp de 30 de minute până când devine maro auriu și ferm la atingere.

plăcintă americană cu mere

Face un tort de 8"/20 cm

2 oz/¼ cană/50 g unt sau margarină, înmuiată

225 g/8 oz/1 cană zahăr brun moale

1 ou, batut usor

5 ml/1 lingurita esenta de vanilie (extract)

100 g/4 oz/1 cană făină simplă (universal)

2,5 ml/½ linguriță praf de copt

2,5 ml/½ linguriță bicarbonat de sodiu (bicarbonat de sodiu)

2,5 ml/½ linguriță sare

2,5 ml/½ linguriță. scorțișoară măcinată

2,5 ml/½ linguriță nucșoară rasă

450 g/1 lb mere de masă (desert), curățate, dezlipite și tăiate cubulețe

1 oz/¼ ceasca de migdale, tocate

Crema unt sau margarina si zahar pana devine usoara si pufoasa. Adaugam treptat ouale si esenta de vanilie. Combinați făina, praful de copt, bicarbonatul de sodiu, sarea și condimentele și amestecați în amestec până se combină bine. Se amestecă merele și nucile. Se toarnă într-o tavă pătrată de 20 cm unsă și tapetată și se coace în cuptorul preîncălzit la 180°C/350°F/termostat 4 timp de 45 de minute, până când o scobitoare introdusă în centru iese curată.

Prajitura cu sos de mere

Face o prăjitură de 900 g/2 lb

100 g/4 oz/½ cană unt sau margarină, înmuiată

225 g/8 oz/1 cană zahăr brun moale

2 oua, batute usor

225 g/8 oz/2 căni de făină simplă (universal)

5 ml/1 linguriță. scorțișoară măcinată

2,5 ml/½ linguriță nucșoară rasă

100 g/4 oz/1 cană sos de mere (sos)

5 ml/1 lingurita bicarbonat de sodiu (bicarbonat de sodiu)

30 ml/2 linguri apă fierbinte

Bateți untul sau margarina și zahărul până devine ușor și pufos. Adăugați treptat ouăle. Se amestecă făina, scorțișoara, nucșoara și sosul de mere. Amestecați bicarbonatul de sodiu cu apa fierbinte și amestecați-l în amestec. Se toarnă într-o tavă unsă de 900 g/2 lb și se coace în cuptorul preîncălzit la 180°C/350°F/termostat 4 timp de 1,5 ore, până când o scobitoare introdusă în centru iese curată.

prăjitură cu mere

Face un tort de 8"/20 cm

100 g/4 oz/½ cană unt sau margarină, înmuiată

2/3 cană/5 oz/150 g zahăr tos (foarte fin)

3 oua

225 g/8 oz/2 căni de făină auto-crescătoare (auto-crescătoare)

5 ml/1 linguriță. condimente măcinate (plăcintă cu mere)

5 ml/1 lingurita bicarbonat de sodiu (bicarbonat de sodiu)

5 ml/1 linguriță praf de copt

¼ pct/2/3 cană/150 ml cidru uscat

2 mere coapte (plăcintă), curățate de coajă, fără miez și feliate

75 g/3 oz/1/3 cană zahăr demerara

100 g/4 oz/1 cană nuci amestecate tocate

Se amestecă untul sau margarina, zahărul, ouăle, făina, condimentele, bicarbonatul de sodiu, praful de copt și 120 ml/4 fl oz/½ cană de cidru până se combină bine, adăugând restul de cidru dacă este necesar pentru a obține o pastă netedă. Se toarnă jumătate din amestec într-o formă de chec unsă și tapetată cu diametrul de 20 cm și se acoperă cu jumătate din feliile de măr. Se amestecă zahărul și nucile și se întinde jumătate peste mere. Turnați amestecul de prăjitură rămas și acoperiți cu merele rămase și amestecul rămas de zahăr și nuci. Coaceți în cuptorul preîncălzit la 180°C/350°F/termostat 4 timp de 1 oră până când devine maro auriu și ferm la atingere.

Plăcintă cu mere și scorțișoară

Face un tort de 9"/23 cm

100 g/4 oz/½ cană unt sau margarină

100 g/4 oz/½ cană zahăr tos (foarte fin)

1 ou, batut usor

100 g/4 oz/1 cană făină simplă (universal)

5 ml/1 linguriță praf de copt

30 ml/2 linguri lapte (optional)

2 mere mari (plăcintă) coapte, decojite, fără miez și feliate

30 ml/2 linguri zahăr tos (foarte fin)

5 ml/1 linguriță. scorțișoară măcinată

1 oz/¼ ceasca de migdale, tocate

30 ml/2 linguri zahăr demerara

Bateți untul sau margarina și zahărul până devine ușor și pufos. Adaugam treptat ouale, apoi adaugam faina si praful de copt. Amestecul ar trebui să fie destul de rigid; daca este prea tare se adauga putin lapte. Se toarnă jumătate din amestec într-o tavă cu unt și tapetată cu arc de 9/23 cm. Deasupra puneți felii de mere. Se amestecă zahărul și scorțișoara și se presară migdalele peste mere. Acoperiți cu amestecul de prăjitură rămas și stropiți cu zahăr demerara. Coaceți în cuptorul preîncălzit la 180°C/350°F/termostat 4 timp de 30 până la 35 de minute, până când o scobitoare introdusă în centru iese curată.

plăcintă spaniolă cu mere

Face un tort de 9"/23 cm

175 g/6 oz/¾ cană unt sau margarină

6 Cox mănâncă mere (desert), curățate de coajă, fără miez și tăiate în sferturi

30 ml/2 linguri. lingura de rachiu de mere

175 g/6 oz/¾ cană zahăr tos (foarte fin)

150 g/5 oz/1 ¼ cană făină simplă (universal)

10 ml/2 lingurițe praf de copt

5 ml/1 linguriță. scorțișoară măcinată

3 oua, batute usor

45 ml/3 linguri lapte

Pentru glazura:

60 ml/4 lingurițe gem de caise (conservă), strecurată (strecurată)

15 ml/1 linguriță rachiu de mere

5 ml/1 linguriță. amidon de porumb (amidon de porumb)

10 ml/2 lingurițe de apă

Topiți untul sau margarina într-o tigaie mare și prăjiți bucățile de mere la foc mic timp de 10 minute, amestecând o dată pentru a le îmbrăca în unt. Se ia de pe foc. Se toaca o treime din mere si se adauga rachiul de mere, apoi se adauga zaharul, faina, praful de copt si scortisoara. Adăugați ouăle și laptele și turnați amestecul într-o tavă unsă cu făină, de 9/23 cm. Puneți deasupra feliile de mere rămase. Coaceți în cuptorul preîncălzit la 180°C/350°F/termostat 4 timp de 45 de minute, până când crește bine și devine auriu și începe să curgă pe părțile laterale ale formei.

Glazura o faci incalzind dulceata si rachiul. Se amestecă făina de porumb cu apă până la o pastă și se amestecă în dulceață și coniac. Gatiti cateva minute, amestecand, pana limpede. Se intinde pe prajitura fierbinte si se lasa sa se raceasca 30 de minute. Scoateți părțile laterale ale formei de tort, reîncălziți glazura și periați a doua oară. O vom lăsa să se răcească.

Plăcintă cu mere Sultana

Face un tort de 8"/20 cm

350 g/12 oz/3 căni de făină auto-crescătoare (auto-crescătoare)

Vârf de cuțit de sare

2,5 ml/½ linguriță. scorțișoară măcinată

225 g/8 oz/1 cană unt sau margarină

175 g/6 oz/¾ cană zahăr tos (foarte fin)

100 g/4 oz/2/3 cană stafide (stafide aurii)

450 g/1 lb mere fierte (plăcintă), decojite, dezlipite și tăiate mărunt

2 oua

Un pic de lapte

Amestecați făina, sarea și scorțișoara, apoi amestecați untul sau margarina până când amestecul seamănă cu pesmet. Se amestecă zahărul. Faceți o fântână în centru și adăugați stafidele, merele și ouăle și amestecați bine, adăugând puțin lapte pentru a obține un amestec tare. Se toarnă într-o formă de tort unsă de 8"/20 cm și se coace în cuptorul preîncălzit la 180°C/termostat 4 pentru aproximativ 1½ până la 2 ore, până când este ferm la atingere. Serviți cald sau rece.

Tort cu mere cu susul în jos

Face un tort de 9"/23 cm

2 mănâncă mere (desert), curățate de coajă, fără miez și feliate subțiri

75 g/3 oz/1/3 cană zahăr brun moale

45 ml/3 linguri. stafide

30 ml/2 linguri suc de lamaie

Pentru tort:

200 g/7 oz/1¾ cani de făină simplă (universal)

50 g/2 oz/¼ cană zahăr tos (foarte fin)

10 ml/2 lingurițe praf de copt

5 ml/1 lingurita bicarbonat de sodiu (bicarbonat de sodiu)

5 ml/1 linguriță. scorțișoară măcinată

Vârf de cuțit de sare

120 ml/4 fl oz/½ cană lapte

50 g/2 oz/½ cană sos de mere (sos)

75 ml/5 linguri ulei

1 ou, batut usor

5 ml/1 lingurita esenta de vanilie (extract)

Se amestecă merele, zahărul, stafidele și sucul de lămâie și se pun în fundul unei forme de chec de 9/23 cm unsă cu unt. Se amestecă ingredientele uscate pentru tort și se face un godeu în mijloc. Combinați laptele, sosul de mere, uleiul, oul și esența de vanilie și amestecați ingredientele uscate până se combină. Se toarnă în tava de prăjitură și se coace în cuptorul preîncălzit la 180°C/350°F/termostat 4 timp de 40 de minute, până când prăjitura devine aurie şi se smulge de părţile laterale ale tăvii. Se lasă la răcit în tavă timp de 10 minute, apoi se răstoarnă cu grijă pe o farfurie. Serviţi cald sau rece.

Tort cu paine cu caise

Face o pâine de 900 g/2 lb

8 oz/1 cană de unt sau margarină, înmuiată

225 g/8 oz/1 cană zahăr tos (foarte fin)

2 oua bine batute

6 caise coapte, fără sâmburi, curățate de coajă și piure

300 g/11 oz/2¾ cani de făină simplă (universal)

5 ml/1 lingurita bicarbonat de sodiu (bicarbonat de sodiu)

Vârf de cuțit de sare

75 g/3 oz/¾ cană migdale, tocate

Bateți untul sau margarina și zahărul împreună. Se amestecă treptat ouăle, apoi se amestecă caisele. Se amestecă făina, bicarbonatul de sodiu și sarea. Se amestecă nucile. Se toarnă într-o tavă unsă și unsă cu făină (900g/2lb) și se coace în cuptorul preîncălzit la 180°C/350°F/termostat 4 timp de 1 oră, până când o scobitoare introdusă în centru iese curată. Se lasa sa se raceasca in tava inainte de a le da.

Tort cu caise si ghimbir

Face un tort de 7"/18 cm

100 g/4 oz/1 cană făină auto-crescătoare

100 g/4 oz/½ cană zahăr brun moale

10 ml/2 linguri. ghimbir de pamant

100 g/4 oz/½ cană unt sau margarină, înmuiată

2 oua, batute usor

2/3 cană/100 g caise uscate gata de consumat tocate

50 g/2 oz/1/3 cană stafide

Bate faina, zaharul, ghimbirul, untul sau margarina si ouale pana se inmoaie. Se amestecă caisele şi stafidele. Se toarnă amestecul într-o formă de tort de 18 cm/7 cm unsă şi tapetată cu unt şi se coace în cuptorul preîncălzit la 180°C/350°F/termostat 4 timp de 30 de minute, până când o scobitoare introdusă în centru iese curată.

Tort cu caise

Face un tort de 8"/20 cm

120 ml/4 fl oz/½ cană rachiu sau rom

120 ml/4 fl oz/½ cană suc de portocale

8 oz / 11/3 cani de caise uscate gata de consumat, tocate

100 g/4 oz/2/3 cană stafide (stafide aurii)

6 oz/¾ cană/175 g unt sau margarină, înmuiată

45 ml/3 linguri de miere pura

4 ouă, separate

175 g/6 oz/1½ cani de făină auto-crescătoare

10 ml/2 lingurițe praf de copt

Aduceți la fiert coniac sau rom și suc de portocale cu caise și stafide. Se amesteca bine, apoi se ia de pe foc si se lasa la racit. Bateți untul sau margarina și mierea și adăugați treptat gălbenușurile. Adaugati faina si praful de copt. Bateți albușurile spumă și apoi amestecați-le cu grijă în amestec. Se toarnă într-o formă de tort de 20 cm unsă și tapetată cu unt și se coace în cuptorul preîncălzit la 180°C/350°F/termostat 4 timp de 1 oră, până când o scobitoare introdusă în centru iese curată. Se lasa la racit intr-un bol.

tort cu banane

Face un tort de 9" x 13"/23 x 33 cm

4 banane coapte, piure

2 oua, batute usor

350 g/12 oz/1½ cană zahăr tos (foarte fin)

120 ml/4 fl oz/½ cană ulei

5 ml/1 lingurita esenta de vanilie (extract)

50 g/2 oz/½ cană nuci amestecate tocate

225 g/8 oz/2 căni de făină simplă (universal)

10 ml/2 lingurite de bicarbonat de sodiu (bicarbonat de sodiu)

5 ml/1 lingurita sare

Bate bananele, ouăle, zahărul, uleiul și vanilia. Adăugați ingredientele rămase și amestecați până se omogenizează. Se toarnă într-o formă de tort de 9 x 13/23 x 33 cm și se coace în cuptorul preîncălzit la 180°C/350°F/termostat 4 timp de 45 de minute, până când o scobitoare introdusă în centru iese curată.

Tort crocant cu banane

Face un tort de 9"/23 cm

100 g/4 oz/½ cană unt sau margarină, înmuiată

300 g/11 oz/11/3 căni de zahăr tos (foarte fin)

2 oua, batute usor

175 g/6 oz/1 ½ cană făină simplă (universal)

2,5 ml/½ linguriță sare

1,5 ml/½ linguriță nucșoară rasă

5 ml/1 lingurita bicarbonat de sodiu (bicarbonat de sodiu)

75 ml/5 linguri lapte

Câteva picături de esență de vanilie (extract)

4 banane, piure

Pentru decor:

50 g/2 oz/¼ cană zahăr demerara

2 oz/50 g fulgi de porumb, zdrobiți

2,5 ml/½ linguriță. scorțișoară măcinată

25 g/1 oz/2 linguri de unt sau margarină

Bateți untul sau margarina și zahărul până devine ușor și pufos. Bateți treptat ouăle, apoi amestecați făina, sarea și nucșoara. Se amestecă bicarbonatul de sodiu cu laptele și esența de vanilie și se amestecă în amestecul de banane. Se toarnă într-o formă de 23 cm unsă cu unt și tapetată.

Pentru a pregăti umplutura, amestecați zahărul, fulgii de porumb și scorțișoara și întindeți în ea untul sau margarina. Se presara peste prajitura si se coace in cuptorul preincalzit la 180°C/termostat 4 timp de 45 de minute pana se taie la atingere.

Ciupercă banană

Face un tort de 9"/23 cm

100 g/4 oz/½ cană unt sau margarină, înmuiată

100 g/4 oz/½ cană zahăr tos (foarte fin)

2 oua batute

2 banane mari coapte, pasate

225 g/8 oz/1 cană făină auto-crescătoare (auto-crescătoare)

45 ml/3 linguri lapte

Pentru umplutură și topping:

225 g/8 oz/1 cană cremă de brânză

30 ml/2 linguri. smântână dulce și acru

100 g chipsuri de banane uscate

Frecați untul sau margarina și zahărul într-o masă palidă și pufoasă. Adăugați treptat ouăle, apoi amestecați bananele și făina. Se amestecă laptele până când amestecul are o consistență ca picătură. Se toarnă într-o formă de tort de 9cm/23cm unsă și tapetată cu unt și se coace în cuptorul preîncălzit la 180°C/350°F/termostat 4 pentru aproximativ 30 de minute, până când o scobitoare introdusă în centru iese curată. Se dau pe un grătar să se răcească, apoi se taie în jumătate pe orizontală.

Pentru a face umplutura, bateti crema de branza si smantana si folositi jumatate din amestec pentru a face sandwich cele doua jumatati de tort. Deasupra se întinde restul amestecului și se decorează cu chipsuri de banane.

Tort cu banane bogat in fibre

Face un tort de 7"/18 cm

100 g/4 oz/½ cană unt sau margarină, înmuiată

50 g/2 oz/¼ cană zahăr brun moale

2 oua, batute usor

100 g/4 oz/1 cană făină de grâu integral (grâu integral)

10 ml/2 lingurițe praf de copt

2 banane, piure

Pentru umplutura:

225 g/8 oz/1 cană brânză de vaci (brânză de vaci netedă)

5 ml/1 lingurita suc de lamaie

15 ml / 1 lingura de miere pura

1 banană, feliată

Zahăr pudră (cofetarie), cernut, pentru stropire

Bateți untul sau margarina și zahărul până devine ușor și pufos. Amestecați treptat ouăle, apoi amestecați făina și praful de copt. Încorporați ușor bananele. Împărțiți amestecul în două forme de prăjitură unse, tapetate cu unt de 7 cm/18 cm și coaceți în cuptorul preîncălzit timp de 30 de minute până când sunt fermi la atingere. O vom lăsa să se răcească.

Pentru a pregăti umplutura, se bat crema de brânză, sucul de lămâie și mierea și se întinde pe una dintre prăjituri. Deasupra se aseaza feliile de banana si se acopera cu a doua prajitura. Se serveste pudrata cu zahar pudra.

Prajitura cu banana si lamaie

Face un tort de 7"/18 cm

100 g/4 oz/½ cană unt sau margarină, înmuiată

175 g/6 oz/¾ cană zahăr tos (foarte fin)

2 oua, batute usor

225 g/8 oz/2 căni de făină auto-crescătoare (auto-crescătoare)

2 banane, piure

Pentru umplutură şi topping:

75 ml/5 linguri. caş de lămâie

2 banane, feliate

45 ml/3 linguri suc de lamaie

2/3 cană/4 oz/100 g zahăr pudră (cofetarie), cernut

Bateţi untul sau margarina şi zahărul până devine uşor şi pufos. Adaugam ouale pe rand batand bine dupa fiecare adaugare, apoi adaugam faina si bananele. Împărţiţi amestecul în două forme de sandvici unse şi tapetate cu unt de 7/18 cm şi coaceţi în cuptorul preîncălzit la 180°C/350°F/termostat 4 timp de 30 de minute. Desfaceţi şi lăsaţi să se răcească.

Acoperiţi prăjiturile cu lemon curd şi jumătate din feliile de banană. Stropiţi 15 ml/1 lingură peste feliile de banană rămase. suc de lămâie. Se amestecă sucul de lămâie rămas cu zahărul pudră pentru o glazură tare (glazură). Întindeţi glazura pe tort şi decoraţi cu felii de banană.

Tort cu banane cu ciocolată într-un blender

Face un tort de 8"/20 cm

225 g/8 oz/2 căni de făină auto-crescătoare (auto-crescătoare)

2,5 ml/½ linguriță praf de copt

40 g/1½ oz/3 linguri pudră de ciocolată

2 oua

60 ml/4 linguri lapte

2/3 cană/5 oz/150 g zahăr tos (foarte fin)

100 g/4 oz/½ cană margarină moale

2 banane coapte, feliate

Se amestecă făina, praful de copt și ciocolata de băut. Amestecați ingredientele rămase într-un blender sau robot de bucătărie timp de aproximativ 20 de secunde - amestecul va părea închegat. Se toarnă ingredientele uscate și se amestecă bine. Se toarnă într-o formă de tort unsă și tapetată cu unt de 20 cm și se coace în cuptorul preîncălzit la 180°C/350°F/termostat 4 pentru aproximativ 1 oră, până când o scobitoare introdusă în centru iese curată. Se dau pe un grătar pentru a se răci.

Tort cu banane și arahide

Face o prăjitură de 900 g/2 lb

275 g/10 oz/2½ căni de făină simplă (universal)

225 g/8 oz/1 cană zahăr tos (foarte fin)

100 g/4 oz/1 cană alune, tocate mărunt

15 ml/1 linguriță praf de copt

Vârf de cuțit de sare

2 ouă, separate

6 banane piure

Coaja rasă și zeama de la 1 lămâie mică

2 oz/¼ cană/50 g unt sau margarină, topită

Se amestecă făina, zahărul, nucile, praful de copt și sarea. Bateți gălbenușurile și amestecați-le în amestecul cu bananele, coaja și zeama de lămâie și untul sau margarina. Bateți albușurile spumă până se întăresc și apoi adăugați-le în amestec. Se toarnă într-o tavă unsă de 900 g/2 lb și se coace în cuptorul preîncălzit la 180°C/350°F/termostat 4 timp de 1 oră, până când o scobitoare introdusă în centru iese curată.

Tort cu banane toate intr-o singura cu stafide

Face o prăjitură de 900 g/2 lb

450 g/1 lb banane coapte, piure

50 g/2 oz/½ cană nuci amestecate tocate

120 ml/4 fl oz/½ cană ulei de floarea soarelui

100 g/4 oz/2/3 cană stafide

75 g/3 oz/¾ cană de ovăz rulat

150 g/5 oz/1 ¼ cană făină de grâu integral (grâu integral)

1,5 ml/¼ linguriță esență de migdale (extract)

Vârf de cuțit de sare

Amestecați toate ingredientele pentru a obține un amestec moale și umed. Se toarnă într-o tavă de 900g/2lb unsă și tapetată și se coace în cuptorul preîncălzit la 190°C/375°F/termostat 5 timp de 1 oră, până când devine maro auriu și o scobitoare introdusă în centru iese curată. Se lasa sa se raceasca in tava timp de 10 minute inainte de a se scoate din tava.

Tort cu banane cu whisky

Face un tort de 10"/25 cm

8 oz/1 cană de unt sau margarină, înmuiată

450 g/1 lb/2 căni de zahăr brun moale

3 banane coapte, piure

4 oua, batute usor

1½ cani/6 uncii/175 g nuci pecan, tocate grosier

225 g/8 oz/11/3 cani de stafide (stafide aurii)

350 g/12 oz/3 căni de făină simplă (universal)

15 ml/1 linguriță praf de copt

5 ml/1 linguriță. scorțișoară măcinată

2,5 ml/½ linguriță. ghimbir de pamant

2,5 ml/½ linguriță nucșoară rasă

150 ml/¼ halbă/2/3 cană de whisky

Bateți untul sau margarina și zahărul până devine ușor și pufos. Se amestecă bananele, apoi se amestecă treptat ouăle. Amestecam nucile si stafidele cu o lingura de faina, apoi intr-un bol separat amestecam restul de faina cu praful de copt si condimentele. Adăugați făina în amestecul de smântână alternativ cu whisky-ul. Se amestecă nucile și stafidele. Se toarnă amestecul într-o formă de tort neunsă (25cm/10cm) și se coace în cuptorul preîncălzit la 180°C/350°F/termostat 4 timp de 1,5 ore, până când devine elastic la atingere. Se lasa sa se raceasca in tava timp de 10 minute, apoi se intoarce pe un gratar pentru a termina de racit.

Tort cu afine

Face un tort de 9"/23 cm

175 g/6 oz/¾ cană zahăr tos (foarte fin)

60 ml/4 linguri ulei

1 ou, batut usor

120 ml/4 fl oz/½ cană lapte

225 g/8 oz/2 căni de făină simplă (universal)

10 ml/2 lingurițe praf de copt

2,5 ml/½ linguriță sare

225 g de afine

Pentru decor:

2 oz/¼ cană/50 g unt sau margarină, topită

100 g/4 oz/½ cană zahăr granulat

2 oz/50 g/¼ cană făină simplă (universal)

2,5 ml/½ linguriță. scorțișoară măcinată

Bateți zahărul, uleiul și ouăle până se omogenizează și palid. Adăugați laptele, apoi amestecați făina, praful de copt și sarea. Se amestecă afinele. Se toarnă amestecul într-o tavă de tort de 9/23 cm unsă cu unt și făinată. Amestecați ingredientele pentru glazură și stropiți cu amestecul. Coaceți în cuptorul preîncălzit la 190°C/375°F/termostat 5 timp de 50 de minute, până când o scobitoare introdusă în centru iese curată. Se serveste fierbinte.

Tort pebble cu cirese

Face o prăjitură de 900 g/2 lb

6 oz/¾ cană/175 g unt sau margarină, înmuiată

175 g/6 oz/¾ cană zahăr tos (foarte fin)

3 oua batute

225 g/8 oz/2 căni de făină simplă (universal)

2,5 ml/½ linguriță praf de copt

100 g/4 oz/2/3 cană stafide (stafide aurii)

2/3 cană/5 oz/150 g cireşe glazurate (confiate), tăiate în sferturi

8 oz/225 g cireşe proaspete, fără sâmburi (sâmbure) şi tăiate la jumătate

30 ml/2 linguri gem de caise (cumpărată din magazin)

Bateți untul sau margarina până când se înmoaie şi apoi adăugați zahărul. Adăugați ouăle, apoi făina, praful de copt, stafidele şi cireşele confiate. Se toarnă într-o tavă unsă(e) de 900g/2lb şi se coace într-un cuptor preîncălzit la 160°C/325°F/termostat 3 timp de 2,5 ore. Se lasa sa se odihneasca in tava 5 minute, apoi se intoarce pe un gratar sa se raceasca.

Aranjați cireşele pe rând deasupra prăjiturii. Aduceți dulceața de caise la fiert într-o cratiță mică, apoi scurgeți (scurgeți) şi ungeți deasupra prăjiturii pentru a se glazura.

Tort cu cirese si nuca de cocos

Face un tort de 8"/20 cm

350 g/12 oz/3 căni de făină auto-crescătoare (auto-crescătoare)

175 g/6 oz/¾ cană unt sau margarină

8 oz/1 cană cireşe glazurate (confiate), tăiate în sferturi

100 g/4 oz/1 cană nucă de cocos deshidratată (mărunţită)

175 g/6 oz/¾ cană zahăr tos (foarte fin)

2 oua mari, batute usor

200 ml/7 fl oz/mic 1 cană lapte

Puneţi făina într-un bol şi amestecaţi untul sau margarina până când amestecul seamănă cu pesmet. Amestecaţi vişinele în nuca de cocos, apoi adăugaţi-le în amestecul de zahăr şi amestecaţi uşor. Adăugaţi oul şi cea mai mare parte din lapte. Bateţi bine şi adăugaţi mai mult lapte dacă este necesar pentru a obţine consistenţa picăturilor moi. Se toarna intr-o tava de tort unsa cu unt si tapetata cu diametrul de 20 cm. Coaceţi în cuptorul preîncălzit la 180°C/350°F/termostat 4 timp de 1,5 ore, până când o scobitoare introdusă în centru iese curată.

Tort cu cireșe Sultana

Face o prăjitură de 900 g/2 lb

100 g/4 oz/½ cană unt sau margarină, înmuiată

100 g/4 oz/½ cană zahăr tos (foarte fin)

3 oua, batute usor

100 g/4 oz/½ cană cireșe glazurate (confiate)

350 g/12 oz/2 căni de stafide (stafide aurii)

175 g/6 oz/1 ½ cană făină simplă (universal)

Vârf de cuțit de sare

Bateți untul sau margarina și zahărul până devine ușor și pufos. Adăugați treptat ouăle. Amestecați vișinele și stafidele în puțină făină pentru a se îmbrăca și amestecați restul de făină în amestecul de sare. Se amestecă cireșele și stafidele. Se toarnă amestecul într-o tavă unsă și tapetată de 900g/2lb și se coace în cuptorul preîncălzit la 160°C/325°F/termostat 3 timp de 1,5 ore, până când o scobitoare introdusă în centru iese curată.

Tort cu inghetata cu cirese, nuci

Face un tort de 7"/18 cm

100 g/4 oz/½ cană unt sau margarină, înmuiată

100 g/4 oz/½ cană zahăr tos (foarte fin)

2 oua, batute usor

15 ml / 1 lingura de miere pura

150 g/5 oz/1¼ cană făină auto-crescătoare

5 ml/1 linguriță praf de copt

Vârf de cuțit de sare

Pentru decor:
8 oz/11/3 cesti/225 g zahar pudra (cofetarie), cernut

30 ml/2 linguri apă

Câteva picături de colorant alimentar roșu

4 cireșe glazurate (confiate), tăiate la jumătate

4 jumătăți de nucă

Bateți untul sau margarina și zahărul până devine ușor și pufos. Se amestecă treptat ouăle și mierea, apoi se amestecă făina, praful de copt și sarea. Se toarnă amestecul într-o formă de tort de 8"/18cm tapetată cu unt și se coace în cuptorul preîncălzit la 190°C/termostat 5 timp de 20 de minute, până se ridică bine și se fermează la atingere. O vom lăsa să se răcească.

Puneți zahărul pudră într-un castron și amestecați treptat suficientă apă pentru a obține o glazură (glazură) tartinabilă. Întindeți cel mai mult deasupra tortului. Colorați restul glazurului cu câteva picături de colorant alimentar, iar dacă glazura este prea subțire, adăugați puțin zahăr pudră. Împărțiți prăjitura în felii, răsturnând cu lingură sau turnând glazura roșie, apoi decorați cu cireșe și nuci glazurate.

Topping glazurat

Suficient pentru a acoperi un tort de 8"/20 cm

2/3 cană/4 oz/100 g zahăr pudră (cofetarie), cernut

25-30 ml/1½-2 linguri de apă

Câteva picături de colorant alimentar (opțional)

Se pune zaharul intr-un bol si se amesteca in apa cate putin pana cand glazura devine cremoasa. Colorează cu câteva picături de colorant alimentar dacă este necesar. Glazura va deveni opac dacă îl întindeți pe prăjituri reci sau limpede dacă îl întindeți pe prăjituri fierbinți.

Glazura de cafea

Suficient pentru a acoperi un tort de 8"/20 cm

2/3 cană/4 oz/100 g zahăr pudră (cofetarie), cernut

25-30 ml/1½-2 linguri cafea neagră foarte tare

Puneți zahărul într-un bol și amestecați cafeaua puțin câte una până când glazura devine cremoasă.

Glazură de lămâie

Suficient pentru a acoperi un tort de 8"/20 cm

2/3 cană/4 oz/100 g zahăr pudră (cofetarie), cernut

25-30 ml/1½-2 linguri suc de lamaie

Coaja rasa fin de la 1 lamaie

Pune zahărul într-un bol și amestecă puțin câte puțin zeama de lămâie și coaja până când glazura devine cremoasă.

Glazura portocalie

Suficient pentru a acoperi un tort de 8"/20 cm

2/3 cană/4 oz/100 g zahăr pudră (cofetarie), cernut

25-30 ml/1½-2 linguri suc de portocale

Coaja de portocala rasa fin

Pune zahărul într-un bol și amestecă puțin câte puțin sucul de portocale și coaja până când glazura devine cremoasă.

Glazura cu rom

Suficient pentru a acoperi un tort de 8"/20 cm

2/3 cană/4 oz/100 g zahăr pudră (cofetarie), cernut

25-30 ml/1½-2 linguri rom

Puneti zaharul intr-un bol si adaugati romul cate putin pana cand glazura devine cremoasa.

Glazura glazura cu vanilie

Suficient pentru a acoperi un tort de 8"/20 cm

2/3 cană/4 oz/100 g zahăr pudră (cofetarie), cernut

25 ml/1 ½ linguriță apă

Câteva picături de esență de vanilie (extract)

Punem zaharul intr-un bol si amestecam treptat apa si esenta de vanilie pana cand glazura devine cremoasa.

Glazura de ciocolata fiarta

Suficient pentru a acoperi un tort de 9"/23 cm

10 oz/275 g/1 ¼ cană zahăr tos (foarte fin)

100 g/4 oz/1 cană ciocolată netedă (semidulce)

50 g/2 oz/¼ cană cacao (ciocolată neîndulcită) pudră

120 ml/4 fl oz/½ cană apă

Aduceți toate ingredientele la fiert și amestecați până se combină bine. Gatiti la foc mediu pana la 108°C/220°F sau pana cand se formeaza o sfoara lunga cand este tras intre doua lingurite. Se toarnă într-un castron mare și se bate până când devine groasă și lucioasă.

Umplutura de ciocolata si nuca de cocos

Suficient pentru a acoperi un tort de 9"/23 cm

175 g/6 oz/1½ cani ciocolată netedă (semidulce)

90 ml/6 linguri de apă clocotită

225 g/8 oz/2 căni nucă de cocos deshidratată (mărunțită)

Amestecați ciocolata și apa într-un blender sau robot de bucătărie, apoi adăugați nuca de cocos și amestecați până la omogenizare. Cât sunt încă calde, le întindem pe prăjituri simple.

Topping de fudge

Suficient pentru a acoperi un tort de 9"/23 cm

2 oz/¼ cană/50 g unt sau margarină

45 ml/3 linguri pudra de cacao (ciocolata neindulcita)

60 ml/4 linguri lapte

2½ căni/15 uncii/425 g zahăr pudră (de cofetarie), cernut

5 ml/1 lingurita esenta de vanilie (extract)

Topiți untul sau margarina într-o cratiță mică, apoi adăugați cacao și laptele. Se aduce la fierbere, amestecând continuu, apoi se ia de pe foc. Adauga treptat zaharul si esenta de vanilie si bate pana se omogenizeaza.

Umplutură dulce de brânză

Suficient pentru a acoperi un tort de 12"/30 cm

100 g/4 oz/½ cană cremă de brânză

25 g/1 oz/2 linguri. linguri de unt sau margarină, înmuiate

350 g/12 oz/2 căni de zahăr tos (pentru cofetari), cernut

5 ml/1 lingurita esenta de vanilie (extract)

30 ml/2 linguri de miere pură (opțional)

Bate crema de branza si untul sau margarina pana devine usoara si pufoasa. Amesteca treptat zaharul si esenta de vanilie pana se omogenizeaza. Îndulciți cu puțină miere dacă este necesar.

Topping american de catifea

Suficient pentru a acoperi două prăjituri de 9"/23 cm

175 g/6 oz/1½ cani ciocolată netedă (semidulce)

120 ml/4 fl oz/½ cană smântână dulce și acrișoară

5 ml/1 lingurita esenta de vanilie (extract)

Vârf de cuțit de sare

400 g/14 oz/21/3 căni de zahăr pudră (cofetarie), cernut

Topiți ciocolata într-un castron termorezistent peste o oală cu apă clocotită. Se ia de pe foc si se adauga smantana, esenta de vanilie si sarea. Se amestecă treptat zahărul până se omogenizează.

glazura cu unt

Suficient pentru a acoperi un tort de 9"/23 cm

2 oz/¼ cană/50 g unt sau margarină, înmuiată

250 g/9 oz/1½ cană de zahăr tos (bomboane), cernut

5 ml/1 lingurita esenta de vanilie (extract)

30 ml/2 linguri smântână unică (ușoară)

Bateți untul sau margarina până se înmoaie, apoi amestecați treptat zahărul, esența de vanilie și smântâna până când se omogenizează și crem.

Glazura de caramel

Suficient pentru a umple și acoperi o prăjitură de 9"/23 cm

100 g/4 oz/½ cană unt sau margarină

225 g/8 oz/1 cană zahăr brun moale

60 ml/4 linguri lapte

350 g/12 oz/2 căni de zahăr tos (pentru cofetari), cernut

Topim untul sau margarina si zaharul la foc mic, amestecand continuu, pana se omogenizeaza bine. Se amestecă laptele și se aduce la fierbere. Se ia de pe foc si se lasa sa se raceasca. Amestecați zahărul pudră până obțineți o consistență tartinabilă.

Glazură de lămâie

Suficient pentru a acoperi un tort de 9"/23 cm

25 g/1 oz/2 linguri de unt sau margarină

5 ml/1 linguriță. coaja de lamaie rasa

30 ml/2 linguri suc de lamaie

250 g/9 oz/1½ cană de zahăr tos (bomboane), cernut

Bateți untul sau margarina și coaja de lămâie până devin ușoare și pufoase. Amesteca treptat sucul de lamaie si zaharul pana se omogenizeaza.

Glazura cu crema de cafea

Suficient pentru a umple și acoperi o prăjitură de 9"/23 cm

1 albus de ou

75 g/3 oz/1/3 cană unt sau margarină, moale

30 ml/2 linguri lapte fierbinte

5 ml/1 lingurita esenta de vanilie (extract)

15 ml/1 lingură granule de cafea instant

Vârf de cuțit de sare

350 g/12 oz/2 căni de zahăr tos (cofetarii), cernut

Se amestecă albușul de ou, untul sau margarina, laptele fierbinte, esența de vanilie, cafeaua și sarea. Se amestecă treptat zahărul pudră până se omogenizează.

Lady Baltimore Frosting

Suficient pentru a umple și acoperi o prăjitură de 9"/23 cm

1/3 cană/2 oz/50 g stafide, tocate

2 oz/50 g/¼ cană cireșe glazurate (confiate), tocate

2 oz/½ cană/50 g nuci pecan, tocate

25 g/1 oz/3 linguri smochine uscate, tocate

2 albusuri

350 g/12 oz/1½ cană zahăr tos (foarte fin)

Un strop de crema de tartru

75 ml/5 linguri apă rece

Vârf de cuțit de sare

5 ml/1 lingurita esenta de vanilie (extract)

Combinați stafidele, cireșele, nucile și smochinele. Bateți albușurile, zahărul, tartrul, apa și sarea într-un castron rezistent la cuptor peste o cratiță cu apă clocotită timp de aproximativ 5 minute până se formează vârfuri tari. Se ia de pe foc si se adauga esenta de vanilie. Amestecați fructele într-o treime din glazură și umpleți tortul cu el, apoi întindeți restul peste deasupra și pe părțile laterale ale prăjiturii.

glazura alba

Suficient pentru a acoperi un tort de 9"/23 cm

225 g/8 oz/1 cană zahăr granulat

1 albus de ou

30 ml/2 linguri apă

15 ml/1 lingură sirop de aur (porumb ușor)

Bateți zahărul, albușurile și apa într-un castron rezistent la căldură pus peste o cratiță cu apă clocotită. Continuați să bateți până la 10 minute până când amestecul se îngroașă și formează vârfuri tari. Se ia de pe foc si se adauga siropul. Continuați să bateți până la omogenizare.

Glazur alb-crem

Suficient pentru a umple și acoperi o prăjitură de 9"/23 cm

75 ml/5 linguri. lingură de smântână simplă (ușoară)

5 ml/1 lingurita esenta de vanilie (extract)

75 g/3 oz/1/3 cană cremă de brânză

10 ml/2 linguri. unt sau margarina, moale

Vârf de cuțit de sare

350 g/12 oz/2 căni de zahăr tos (pentru cofetari), cernut

Amestecați smântâna, esența de vanilie, crema de brânză, untul sau margarina și sarea până se omogenizează. Se amestecă treptat zahărul pudră până se omogenizează.

glazură albă pufoasă

Suficient pentru a umple și acoperi o prăjitură de 9"/23 cm

2 albusuri

350 g/12 oz/1½ cană zahăr tos (foarte fin)

Un strop de crema de tartru

75 ml/5 linguri apă rece

Vârf de cuțit de sare

5 ml/1 lingurita esenta de vanilie (extract)

Bateți albușurile, zahărul, tartrul, apa și sarea într-un castron rezistent la cuptor peste o cratiță cu apă clocotită timp de aproximativ 5 minute până se formează vârfuri tari. Se ia de pe foc si se adauga esenta de vanilie. Folosiți-l pe o prăjitură tip sandwich și întindeți restul peste partea de sus și pe părțile laterale ale tortului.

topping cu zahăr brun

Suficient pentru a acoperi un tort de 9"/23 cm

225 g/8 oz/1 cană zahăr brun moale

1 albus de ou

30 ml/2 linguri apă

5 ml/1 lingurita esenta de vanilie (extract)

Bateți zahărul, albușurile și apa într-un castron rezistent la căldură pus peste o cratiță cu apă clocotită. Continuați să bateți până la 10 minute până când amestecul se îngroașă și formează vârfuri tari. Se ia de pe foc si se adauga esenta de vanilie. Continuați să bateți până la omogenizare.

Glazura cu crema de vanilie

Suficient pentru a umple și acoperi o prăjitură de 9"/23 cm

1 albus de ou

75 g/3 oz/1/3 cană unt sau margarină, moale

30 ml/2 linguri lapte fierbinte

5 ml/1 lingurita esenta de vanilie (extract)

Vârf de cuțit de sare

350 g/12 oz/2 căni de zahăr tos (cofetarii), cernut

Se amestecă albușul de ou, untul sau margarina, laptele fierbinte, esența de vanilie și sarea. Se amestecă treptat zahărul pudră pănă se omogenizează.

crema de vanilie

Face 1 qt./2½ cană/600 ml

100 g/4 oz/½ cană zahăr tos (foarte fin)

50 g/2 oz/¼ cană făină de porumb (amidon de porumb)

4 gălbenușuri de ou

600 ml/1 pct/2½ cană lapte

1 boabe de vanilie (pastaie)

Zahăr pudră (cofetarie), cernut, pentru stropire

Bateți jumătate din zahăr cu amidonul de porumb și gălbenușurile de ou până se omogenizează. Aduceți restul de zahăr și lapte la fiert împreună cu pastaia de vanilie. Bateți amestecul de zahăr în laptele fierbinte, apoi reveniți la fierbere în timp ce amestecați constant și gătiți timp de 3 minute până se îngroașă. Se toarnă într-un bol, se presară zahăr pudră pentru a preveni formarea pielii și se lasă să se răcească. Bateți din nou înainte de utilizare.

Umplutura cu crema

Suficient pentru a umple un tort de 9"/23 cm

325 ml/11 fl oz/1 1/3 cani de lapte

45 ml/3 linguri. amidon de porumb (amidon de porumb)

2½ oz/60 g/1/3 cană zahăr tos (foarte fin)

1 ou

15 ml/1 lingură unt sau margarină

5 ml/1 lingurita esenta de vanilie (extract)

Se amestecă 30 ml/2 linguri de lapte cu amidon de porumb, zahăr și ou. Într-o cratiță mică, aduceți laptele rămas chiar sub punctul de fierbere. Adăugați treptat laptele fierbinte în amestecul de ouă. Clătiți tigaia, apoi puneți amestecul înapoi în tigaie și amestecați la foc mic până se îngroașă. Adaugati unt sau margarina si esenta de vanilie. Se acopera cu hartie de copt unsa cu unt (cerata) si se lasa la racit.

Umplutură de cremă daneză

Face 1¼ cană/750 ml

2 oua

50 g/2 oz/¼ cană zahăr tos (foarte fin)

50 g/2 oz/½ cană făină simplă (universal)

600 ml/1 pct/2½ cană lapte

¼ boabe de vanilie (pastaie)

Bate ouăle și zahărul până se îngroașă. Adăugați treptat făina. Aduceți laptele și păstăia de vanilie la fiert. Scoateți boabele de vanilie și amestecați laptele în amestecul de ouă. Reveniți în oală și gătiți timp de 2-3 minute până când se înmoaie, amestecând constant. Se lasa sa se raceasca inainte de utilizare.

Umplutură bogată de cremă daneză

Face 1¼ cană/750 ml

4 gălbenușuri de ou

30 ml/2 linguri zahăr granulat

25 ml/1½ linguriță. linguri de făină simplă (universal)

10 ml/2 linguri. făină de cartofi

450 ml/¾ pct/2 căni smântână unică (ușoară)

Câteva picături de esență de vanilie (extract)

¼ pct/2/3 cană/150 ml smântână dublă (grea), frișcă pentru frișcă

Se amestecă gălbenușurile de ou, zahărul, făina și smântâna într-o cratiță. Bateți la foc mediu până când amestecul începe să se îngroașe. Se adauga esenta de vanilie si se lasa sa se raceasca. Adauga frisca.

Budincă

Face 1¼ cană/½ qt./300 ml

2 ouă, separate

45 ml/3 linguri. amidon de porumb (amidon de porumb)

300 ml/½ punct/1¼ cană lapte

Câteva picături de esență de vanilie (extract)

50 g/2 oz/¼ cană zahăr tos (foarte fin)

Se amestecă gălbenușurile de ou, amidonul de porumb și laptele într-o cratiță mică până se combină. Se aduce la fierbere la foc mediu, apoi se fierbe timp de 2 minute, amestecand continuu. Se adauga esenta de vanilie si se lasa sa se raceasca.

Bateți albușurile spumă până se formează vârfuri tari, apoi adăugați jumătate din zahăr și bateți din nou până se formează vârfuri tari. Se amestecă restul de zahăr. Se pliază în amestecul de smântână și se dă la frigider până când este gata de utilizare.

Umplutura cu crema de ghimbir

Suficient pentru a umple un tort de 9"/23 cm

100 g/4 oz/½ cană unt sau margarină, înmuiată

22/3 căni/1 lb/450 g zahăr pudră (de cofetarie), cernut

5 ml/1 linguriță. ghimbir de pamant

30 ml/2 linguri lapte

75 g/3 oz/¼ cană melasă (melasă)

Bateți untul sau margarina cu zahărul și ghimbirul până devine ușor și cremos. Amestecați treptat laptele și melasa până când se omogenizează și se tartina. Dacă umplutura este prea subțire, mai adăugați puțin zahăr.

Garnitura de lamaie

Produce 8 fl oz/1 cană/250 ml

100 g/4 oz/½ cană zahăr tos (foarte fin)

30 ml/2 linguri amidon de porumb (amidon de porumb)

60 ml/4 linguri suc de lamaie

15 ml/1 lingură coajă de lămâie rasă

120 ml/4 fl oz/½ cană apă

Vârf de cuțit de sare

15 ml/1 lingură unt sau margarină

Combinați toate ingredientele, cu excepția untului sau margarinei, într-o cratiță mică la foc mic și amestecați ușor până se combină bine. Se aduce la fierbere și se fierbe timp de 1 minut. Se amestecă untul sau margarina și se lasă să se răcească. Dați la frigider înainte de utilizare.

Topping de ciocolată

Suficient pentru a îngheța o prăjitură de 25 cm/10 inchi

50 g/2 oz/½ cană ciocolată netedă (semidulce), tocată

2 oz/¼ cană/50 g unt sau margarină

2,5 ml/½ linguriță esență de vanilie (extract)

75 ml/5 linguri de apă clocotită

350 g/12 oz/2 căni de zahăr tos (pentru cofetari), cernut

Amestecă toate ingredientele într-un blender sau robot de bucătărie până la omogenizare, împingând ingredientele în jos dacă este necesar. Pentru a fi folosit o dată.

Glazura pentru tort cu fructe

Suficient pentru a îngheța o prăjitură de 25 cm/10 inchi

75 ml/5 linguri. lingură de sirop de aur (porumb ușor)

60 ml/4 lingurite suc de ananas sau portocale

Combinați siropul și sucul într-o cratiță mică și aduceți la fierbere. Se ia de pe foc și se întinde amestecul peste partea superioară și pe părțile laterale ale prăjiturii răcite. Lasă să stea. Aduceți glazura înapoi la fierbere și întindeți al doilea strat pe tort.

Glazura de prajitura cu fructe de portocale

Suficient pentru a îngheța o prăjitură de 25 cm/10 inchi

50 g/2 oz/¼ cană zahăr tos (foarte fin)

30 ml/2 linguri suc de portocale

10 ml/2 linguri. coaja de portocala rasa

Combinați ingredientele într-o cratiță mică și aduceți la fierbere, amestecând continuu. Se ia de pe foc și se întinde amestecul peste partea superioară și pe părțile laterale ale prăjiturii răcite. Lasă să stea. Aduceți glazura înapoi la fierbere și întindeți al doilea strat pe tort.

Patrate de bezea de migdale

Dă 12

Aluat scurt 225 g/8 oz

60 ml/4 lingurite gem de zmeura (plecam)

2 albusuri

50 g/2 oz/½ cană migdale măcinate

100 g/4 oz/½ cană zahăr tos (foarte fin)

Câteva picături de esență de migdale (extract)

1 oz/¼ cană de migdale mărunțite (tocate)

Întindeți aluatul (aluatul) și tapetați o pâine elvețiană de 30 x 20 cm/12 x 8 (tavă de copt) unsă cu grăsime.Întindeți marmelada. Bateți albușurile spumă până se întăresc și amestecați ușor migdalele măcinate, zahărul și esența de migdale. Se unge cu dulceata si se presara migdale tocate. Coaceți în cuptorul preîncălzit la 180°C/350°F/termostat 4 timp de 45 de minute până devine auriu și crocant. Se lasa sa se raceasca si apoi se taie in patrate.

picături de înger

Da-i 24

2 oz/¼ cană/50 g unt sau margarină, înmuiată

50 g/2 oz/¼ cană untură (grăsime)

100 g/4 oz/½ cană zahăr tos (foarte fin)

1 ou mic bătut

Câteva picături de esență de vanilie (extract)

175 g/6 oz/1½ cani de făină auto-crescătoare

45 ml/3 linguri. ovaz

50 g/2 oz/¼ cană cireşe glazurate (confiate), tăiate la jumătate

Bateți untul sau margarina, untura şi zahărul pană devine uşor şi pufos. Se amestecă oul şi esența de vanilie, apoi se amestecă făina şi se amestecă într-un aluat tare. Se rupe în bile mici şi se rulează în fulgi de ovăz. Aşezați-le bine depărtate pe o foaie de copt unsă şi puneți deasupra fiecăreia câte o cireşă. Coaceți în cuptorul preîncălzit la 180°C/350°F/termostat 4 timp de 20 de minute până se fixează. Se lasa la racit pe tava de copt.

Migdale decojite

Dă 12

100 g/4 oz/½ cană unt sau margarină

225 g/8 oz/2 căni de făină simplă (universal)

5 ml/1 linguriță praf de copt

50 g/2 oz/¼ cană zahăr tos (foarte fin)

1 ou, separat

75 ml/5 linguri. o lingura de dulceata de zmeura (lasa)

2/3 cană/4 oz/100 g zahăr pudră (cofetarie), cernut

100 g/4 oz/1 cană migdale felii (tocate)

Frecați untul sau margarina în făină cu praf de copt până când amestecul seamănă cu pesmet. Amestecați zahărul, apoi amestecați gălbenușul de ou și frământați până obțineți un aluat tare. Se intinde pe o suprafata usor infainata pentru a se potrivi intr-o forma de tort (forma de copt) 30 x 20 cm/12 x 8 cm. Apăsați ușor în tavă și ridicați ușor marginile aluatului pentru a forma o buză. Se unge cu marmeladă. Albusurile se bat spuma pana se formeaza varfuri tari si se amesteca treptat cu zaharul pudra. Se unge cu dulceata si se presara migdale. Coaceți într-un cuptor preîncălzit la 160°C/325°F/termostat 3 timp de 1 oră până devin aurii și fermi. Lasam sa se raceasca in tava 5 minute,

Tartele Bakewell

Da-i 24

Pentru patiserie:

25 g/1 oz/2 linguri untură (grăsime)

25 g/1 oz/2 linguri de unt sau margarină

100 g/4 oz/1 cană făină simplă (universal)

Vârf de cuțit de sare

30 ml/2 linguri apă

45 ml/3 linguri. o lingura de dulceata de zmeura (lasa)

Pentru umplutura:

2 oz/¼ cană/50 g unt sau margarină, înmuiată

50 g/2 oz/¼ cană zahăr tos (foarte fin)

1 ou, batut usor

25 g/1 oz/¼ cană făină auto-crescătoare (auto-crescătoare)

25 g/1 oz/¼ cană migdale măcinate

Câteva picături de esență de migdale (extract)

Pentru aluat (aluat), frecați untura și untul sau margarina în făină și sare până când amestecul seamănă cu pesmet. Amestecați suficientă apă pentru a face un aluat flexibil. Se intinde subtire pe o suprafata infainata, se taie rondele de 3/7,5 cm si se intinde partile a doua galette unse. Se umple cu marmeladă.

Pregătiți umplutura cremând untul sau margarina și zahărul și adăugând treptat ouăle. Se adauga faina, migdalele macinate si esenta de migdale. Împărțiți amestecul în prăjituri, sigilați marginile cu aluat, astfel încât dulceața să fie complet acoperită. Coaceți în cuptorul preîncălzit la 180°C/350°F/termostat 4 timp de 20 de minute până se rumenesc.

Prajituri cu fluturi de ciocolata

Face aproximativ 12 prăjituri

Pentru prajituri:

100 g/4 oz/½ cană unt sau margarină, înmuiată

100 g/4 oz/½ cană zahăr tos (foarte fin)

2 oua, batute usor

100 g/4 oz/1 cană făină auto-crescătoare

30 ml/2 linguri pudră de cacao (ciocolată neîndulcită).

Vârf de cuțit de sare

30 ml/2 linguri lapte rece

Pentru glazura (glazura):

2 oz/¼ cană/50 g unt sau margarină, înmuiată

2/3 cană/4 oz/100 g zahăr pudră (cofetarie), cernut

10 ml/2 linguri. lapte cald

Pentru a face prăjituri, cremă untul sau margarina și zahărul împreună până devin ușoare și pufoase. Adăugați treptat ouăle, alternând cu făina, cacao și sarea, apoi adăugați laptele pentru a obține un amestec omogen. Se toarnă în prăjituri de hârtie (hârtii de cupcake) sau forme unse (tavi pentru clătite) și se coace în cuptorul preîncălzit la 190°/375°F/termostat 5 timp de 15-20 de minute până se înmoaie. Bine ridicat și moale la atingere. O vom lăsa să se răcească. Taiati blaturile prajiturii pe orizontala, apoi blaturile pe verticala in jumatate pentru a face "aripioarele" fluturelui.

Pregătiți toppingul batând untul sau margarina până când se înmoaie și apoi amestecând jumătate din zahărul pudră. Adăugați laptele și apoi zahărul rămas. Împărțiți amestecul de glazură între prăjituri, apoi apăsați „aripioarele" în diagonală în vârful prăjiturii.

Fursecuri cu nucă de cocos

Dă 12

Aluat scurt 100g/4oz

2 oz/¼ cană/50 g unt sau margarină, înmuiată

50 g/2 oz/¼ cană zahăr tos (foarte fin)

1 ou bătut

25 g / 1 uncie / 2 linguri făină de orez

50 g/2 oz/½ cană nucă de cocos deshidratată (mărunțită)

¼ linguriță/1,5 ml praf de copt

60 ml/4 lingurițe de ciocolată tartinată

Se întinde aluatul (aluatul) și se tapetează părțile tigaii (conservă) cu el. Bateți untul sau margarina și zahărul, apoi amestecați ouăle și făina de orez. Adăugați nuca de cocos și praful de copt. Pune o lingură mică de tartinat pe fundul fiecărei coji de plăcintă (bază de tort). Se toarnă amestecul de nucă de cocos deasupra și se coace în cuptorul preîncălzit la 200°C/400°F/termostat 6 timp de 15 minute până când crește și devine auriu.

Fursecuri dulci

Da-i 15

100 g/4 oz/½ cană unt sau margarină, înmuiată

225 g/8 oz/1 cană zahăr tos (foarte fin)

2 oua

5 ml/1 lingurita esenta de vanilie (extract)

175 g/6 oz/1½ cani de făină auto-crescătoare

5 ml/1 linguriță praf de copt

Vârf de cuțit de sare

75 ml/5 linguri lapte

Bateți untul sau margarina și zahărul până devine ușor și pufos. Adaugam treptat ouale si esenta de vanilie, batand bine dupa fiecare adaugare. Adăugați făina, praful de copt și sarea alternativ cu laptele și bateți bine. Se toarnă amestecul în forme de hârtie (hârtie de cupcake) și se coace în cuptorul preîncălzit la 190°C/375°F/termostat 5 timp de 20 de minute, până când o scobitoare introdusă în centru iese curată.

Scones de cafea

Dă 12

Pentru prajituri:

100 g/4 oz/½ cană unt sau margarină, înmuiată

100 g/4 oz/½ cană zahăr tos (foarte fin)

2 oua, batute usor

100 g/4 oz/1 cană făină auto-crescătoare

10 ml/2 linguri. esență de cafea (extract)

Pentru glazura (glazura):

2 oz/¼ cană/50 g unt sau margarină, înmuiată

2/3 cană/4 oz/100 g zahăr pudră (cofetarie), cernut

Câteva picături de esență de cafea (extract)

100 g/4 oz/1 cană chipsuri de ciocolată

Pentru a face prăjituri, cremă untul sau margarina și zahărul împreună până devin ușoare și pufoase. Adaugam treptat ouale, apoi adaugam faina si esenta de cafea. Se toarnă amestecul în forme de prăjitură de hârtie (hârtii pentru cupcake) tapetate cu o tavă (tavă pentru clătite) și se coace în cuptorul preîncălzit la 180°C/350°F/termostat 4 timp de 20 de minute până se fixează. Bine crescut și moale la atingere. O vom lăsa să se răcească.

Pregătiți toppingul bătând untul sau margarina până se înmoaie, apoi adăugați zahărul pudră și esența de cafea. Se intinde pe prajituri si se decoreaza cu chipsuri de ciocolata.

Eccles prajituri

Dă 16

2 oz/¼ cană/50 g unt sau margarină

50 g/2 oz/¼ cană zahăr brun moale

225 g/8 oz/1 1/3 cesti coacaze

Aluat foietaj sau aluat foietaj 450g/1lb

Un pic de lapte

45 ml/3 linguri. lingura de zahar pudra (foarte fin)

Topiți untul sau margarina și zahărul brun la foc mic și amestecați bine. Se ia de pe foc si se amesteca coacazele. Se lasa sa se raceasca putin. Întindeți aluatul (aluatul) pe o suprafață tapetă cu făină și tăiați în 16 cercuri. Împărțiți amestecul de umplutură între cercuri, apoi îndoiți marginile spre centru și ungeți cu apă pentru a sigila marginile. Întoarceți prăjiturile și rulați-le ușor cu un sucitor pentru a le aplatiza puțin. Faceți câte trei fante pe fiecare, ungeți cu lapte și stropiți cu zahăr. Se pune pe o tavă de copt unsă și se coace în cuptorul preîncălzit la 200°C/400°F/termostat 6 timp de 20 de minute până devin aurii.

prăjituri cu zâne

Randament aproximativ 12

100 g/4 oz/½ cană unt sau margarină, înmuiată

100 g/4 oz/½ cană zahăr tos (foarte fin)

2 oua, batute usor

100 g/4 oz/1 cană făină auto-crescătoare

Vârf de cuțit de sare

30 ml/2 lingurite de lapte

Câteva picături de esență de vanilie (extract)

Frecați untul sau margarina şi zahărul într-o masă palidă şi pufoasă. Adăugați treptat ouăle, alternând cu făina şi sarea, apoi adăugați laptele şi esența de vanilie pentru a obține un amestec omogen. Se întinde în prăjituri de hârtie (hârtii de cupcake) sau forme unse (galette) şi se coace în cuptorul preîncălzit la 190°C/375°F/termostat 5 timp de 15-20 de minute, până când sunt moale şi bine crescute şi moi la atingere.

Prăjituri zâne glazurate cu pene

Dă 12

2 oz/¼ cană/50 g unt sau margarină, înmuiată

50 g/2 oz/¼ cană zahăr tos (foarte fin)

1 ou

50 g/2 oz/½ cană de făină auto-crescătoare

100 g/4 oz/2/3 cană zahăr tos (bomboane).

15 ml/1 lingura de apa calduta

Câteva picături de colorant alimentar

Frecați untul sau margarina și zahărul într-o masă palidă și pufoasă. Adaugam treptat ouale, apoi adaugam faina. Împărțiți amestecul între 12 căni de hârtie (cupă de hârtie) așezate în tigăile de pâine (tagăle). Coaceți în cuptorul preîncălzit la 160°C/325°F/termostat 3 timp de 15-20 de minute până când crește și se înmoaie la atingere. O vom lăsa să se răcească.

Se amestecă zahărul pudră și apa călduță. Colorează o treime din topping(e) cu colorantul alimentar ales. Întindeți glazura albă pe prăjituri. Aranjați glazura colorată în linii pe tort, apoi trageți vârful cuțitului perpendicular pe linii mai întâi într-un fel și apoi în celălalt pentru a crea un model ondulat. Lasă să ia.

fantezii genoveze

Dă 12

3 oua, batute usor

75 g/3 oz/1/3 cană zahăr tos (foarte fin)

75 g/3 oz/¾ cană făină auto-crescătoare (auto-crescătoare)

Câteva picături de esență de vanilie (extract)

25 g/1 oz/2 linguri de unt sau margarină, topit și răcit

60 ml/4 lingurițe gem de caise (conservă), strecurată (strecurată)

60 ml/4 linguri apă

8 oz/1⅓ cesti/225 g zahar pudra (cofetarie), cernut

Câteva picături de colorant alimentar roz și albastru (opțional)

Decorat tort

Puneți ouăle și zahărul pudră într-un castron termorezistent pus peste o cratiță cu apă clocotită. Bateți până când amestecul se desprinde de tel. Se amestecă făina și esența de vanilie, apoi se amestecă untul sau margarina. Se toarnă amestecul într-un rulou elvețian de 30 x 20 cm/12 x 8 cu unt într-o formă elvețiană (tavă de copt) și se coace în cuptorul preîncălzit la 190°C/375°F/termostat 5 timp de 30 de minute. Se lasa sa se raceasca si apoi se decupeaza formele. Se încălzește dulceața cu 30 ml/2 linguri de apă și se întinde pe prăjituri.

Cerneți zahărul pudră într-un castron. Daca doriti sa faceti glazura (glazura) in culori diferite, impartiti-l in boluri separate si faceti o gaura in mijlocul fiecaruia. Adăugați treptat câteva picături de culoare și restul de apă cât să o amestecați într-un glazur suficient de tare. Se întinde pe prăjituri și se decorează după dorință.

Macaroane cu migdale

Dă 16

hartie de orez

100 g/4 oz/½ cană zahăr tos (foarte fin)

50 g/2 oz/½ cană migdale măcinate

5 ml/1 linguriță. orez măcinat

Câteva picături de esență de migdale (extract)

1 albus de ou

8 migdale albite, tăiate la jumătate

Tapetați tava (biscuiții) cu hârtie de orez. Se amestecă toate ingredientele, cu excepția migdalelor albite, până la o pastă fermă și se bate bine. Puneți linguri de amestec pe o tavă de copt (biscuiți) și puneți pe fiecare jumătate de migdale. Coaceți în cuptorul preîncălzit la 150°C/325°F/termostat 3 timp de 25 de minute. Se lasa la racit pe foaia de copt, apoi se felia sau se rupe fiecare pentru a se separa de foaia de hartie de orez.

Macaron cu nucă de cocos

Dă 16

2 albusuri

2/3 cană/5 oz/150 g zahăr tos (foarte fin)

1¼ cană/5 oz/150 g nucă de cocos deshidratată (măruntită)

hartie de orez

8 cireşe glazurate (confiate), tăiate la jumătate

Bate albusurile spuma pana se formeaza varfuri tari. Bateți zahărul până când amestecul formează vârfuri tari. Se amestecă nuca de cocos. Pune hârtie de orez pe tavă (biscuiți) şi pune amestecul pe tavă. Pune o jumătate de cireş pe fiecare. Coaceți într-un cuptor preîncălzit la 160°C/325°F/termostat 3 timp de 30 de minute până se fixează. Lăsați să se răcească pe hârtie de orez, apoi feliați sau rupeți fiecare pentru a se separa de hârtia de orez.

Macaroane cu lime

Dă 12

Aluat scurt 100g/4oz

60 ml/4 lingurite marmeladă de lămâie

2 albusuri

50 g/2 oz/¼ cană zahăr tos (foarte fin)

25 g/1 oz/¼ cană migdale măcinate

10 ml/2 linguri. orez măcinat

5 ml/1 lingurita de apa de floare de portocal

Se întinde aluatul (aluatul) şi se tapetează părţile tigaii (conservă) cu el. Pune o lingură mică de marmeladă în fiecare coajă de tartă. Bate albusurile spuma pana se formeaza varfuri tari. Bateţi zahărul până când devine tare şi lucios. Se amestecă migdalele, orezul şi apa de floare de portocal. Se toarnă în cutii, acoperind complet gemul. Coaceţi în cuptorul preîncălzit la 180°C/350°F/termostat 4 timp de 30 de minute până devin aurii.

Macaroane cu fulgi de ovaz

Da-i 24

175 g/6 oz/1½ cană de ovăz

175 g/6 oz/¾ cană zahăr muscovado

120 ml/4 fl oz/½ cană ulei

1 ou

2,5 ml/½ linguriță sare

2,5 ml/½ linguriță. esență de migdale (extract)

Se amestecă ovăzul, zahărul și uleiul și se lasă timp de 1 oră. Se amestecă ouăle, sarea și esența de migdale. Turnați amestecul pe o foaie de copt unsă și coaceți într-un cuptor preîncălzit la 160°C/325°F/termostat 3 timp de 20 de minute până devin aurii.

Madeleine

Dă 9

100 g/4 oz/½ cană unt sau margarină, înmuiată

100 g/4 oz/½ cană zahăr tos (foarte fin)

2 oua, batute usor

100 g/4 oz/1 cană făină auto-crescătoare

175 g/6 oz/½ cană dulceață de căpșuni sau zmeură (cumpărată din magazin)

60 ml/4 linguri apă

50 g/2 oz/½ cană nucă de cocos deshidratată (mărunțită)

5 cireșe glazurate (confiate), tăiate la jumătate

Se ușurează untul sau margarina și apoi se bate zahărul până devine ușor și pufos. Adaugam treptat ouale, apoi adaugam faina. Se pune în nouă forme de dariole unse (budinca de castel) și se așează pe o tavă de copt (de gătit). Coaceți în cuptorul preîncălzit la 190°C/375°F/termostat 5 timp de 20 de minute până când crește bine și devine auriu. Se răcește în tigăi timp de 5 minute, apoi se întoarce pe un grătar pentru a termina de răcit.

Tăiați partea de sus a fiecărui tort pentru a face o bază plată. Strecurați (strecurați) dulceața și aduceți apa la fiert într-o cratiță mică și amestecați până se omogenizează bine. Întindeți nuca de cocos pe o foaie mare de hârtie de pergament (cerată). Introduceți o frigărui în fundul primului tort, întindeți glazura de gem, apoi rulați în nucă de cocos până se îmbracă. Se pune pe o farfurie de servire. Repetați cu prăjiturile rămase. Se orneaza cu cirese glazurate in jumatate.

prajituri martipan

Randament aproximativ 12

450 g/1 lb/4 cesti migdale macinate

2/3 cană/4 oz/100 g zahăr pudră (cofetarie), cernut

100 g/4 oz/½ cană zahăr tos (foarte fin)

30 ml/2 linguri apă

3 albusuri

Pentru glazura (glazura):
2/3 cană/4 oz/100 g zahăr pudră (cofetarie), cernut

1 albus de ou

2,5 ml/½ linguriță oțet

Combinați toate ingredientele pentru tort într-o cratiță și încălziți ușor, amestecând continuu, până când aluatul a absorbit tot lichidul. Se ia de pe foc si se lasa sa se raceasca. Se întinde pe o suprafață ușor făinată la ½"/1 cm grosime și se taie în fâșii de 1½"/3 cm. Se taie in lungimi de 2 in/5 cm, se aseaza pe o tava unsa cu unt si se coace in cuptorul preincalzit la 150°C/termostat 2 timp de 20 de minute, pana se rumeneste usor deasupra. O vom lăsa să se răcească.

Pregătiți glazura amestecând treptat albușul și oțetul în zahărul pudră până obțineți o glazură netedă și groasă. Turnați glazura peste prăjituri.

Briose

Dă 12

225 g/8 oz/2 căni de făină simplă (universal)

100 g/4 oz/½ cană zahăr tos (foarte fin)

10 ml/2 lingurițe praf de copt

2,5 ml/½ linguriță sare

1 ou, batut usor

250 ml/8 fl oz/1 cană lapte

120 ml/4 fl oz/½ cană ulei

Se amestecă făina, zahărul, praful de copt și sarea și se face un godeu în mijloc. Combinați ingredientele rămase și amestecați ingredientele uscate până când se combină. Nu se amestecă. Se toarnă în forme pentru brioșe (hârtii) sau în forme pentru brioșe unse cu grăsime și se coace în cuptorul preîncălzit la 200°C/400°F/termostat 6 timp de 20 de minute, până când sunt bine crescute și elastice.

Briose cu mere

Dă 12

225 g/8 oz/2 căni de făină simplă (universal)

100 g/4 oz/½ cană zahăr tos (foarte fin)

10 ml/2 lingurițe praf de copt

2,5 ml/½ linguriță sare

1 ou, batut usor

250 ml/8 fl oz/1 cană lapte

120 ml/4 fl oz/½ cană ulei

2 mănâncă mere (desert), curățate de coajă, fără miez și feliate

Se amestecă făina, zahărul, praful de copt și sarea și se face un godeu în mijloc. Combinați ingredientele rămase și amestecați ingredientele uscate până când se combină. Nu se amestecă. Se toarnă în forme pentru brioșe (hârtii) sau în forme pentru brioșe unse cu grăsime și se coace în cuptorul preîncălzit la 200°C/400°F/termostat 6 timp de 20 de minute, până când sunt bine crescute și elastice.

Briose cu banane

Dă 12

225 g/8 oz/2 căni de făină simplă (universal)

100 g/4 oz/½ cană zahăr tos (foarte fin)

10 ml/2 lingurițe praf de copt

2,5 ml/½ linguriță sare

1 ou, batut usor

250 ml/8 fl oz/1 cană lapte

120 ml/4 fl oz/½ cană ulei

2 banane, piure

Se amestecă făina, zahărul, praful de copt şi sarea şi se face un godeu în mijloc. Combinați ingredientele rămase şi amestecați ingredientele uscate până când se combină. Nu se amestecă. Se toarnă în forme pentru brioşe (hârtii) sau în forme pentru brioşe unse cu grăsime şi se coace în cuptorul preîncălzit la 200°C/400°F/termostat 6 timp de 20 de minute, până când sunt bine crescute şi elastice.

Brioșe cu coacăze negre

Dă 12

225 g/8 oz/2 căni de făină auto-crescătoare (auto-crescătoare)

75 g/3 oz/1/3 cană zahăr tos (foarte fin)

2 albusuri

75 g coacăze negre

200 ml/7 fl oz/mic 1 cană lapte

30 ml/2 linguri ulei

Se amestecă făina și zahărul împreună. Bate usor albusurile spuma si apoi amesteca-le cu ingredientele uscate. Adăugați coacăzele negre, laptele și uleiul. Se toarnă în forme de brioșe unse cu unt și se coace în cuptorul preîncălzit la 200°C/400°F/termostat 6 timp de 15-20 minute până devin aurii.

Briose americane cu afine

Dă 12

150 g/5 oz/1 ¼ cană făină simplă (universal)

75 g/3 oz/¾ cană făină de porumb

75 g/3 oz/1/3 cană zahăr tos (foarte fin)

10 ml/2 lingurițe praf de copt

Vârf de cuțit de sare

1 ou, batut usor

75 g/3 oz/1/3 cană unt sau margarină, topit

250 ml/8 fl oz/1 cană zară

100 g de afine

Se amestecă făina, mălaiul, zahărul, praful de copt și sarea și se face un godeu în mijloc. Adăugați oul, untul sau margarina și zara și amestecați până se omogenizează. Se amestecă afinele sau murele. Se toarnă în forme de brioșe (hârtie) și se coace în cuptorul preîncălzit la 200°C/400°F/termostat 6 timp de 20 de minute, până devin maro auriu și moale la atingere.

Brioșe cu cireșe

Dă 12

225 g/8 oz/2 căni de făină simplă (universal)

100 g/4 oz/½ cană zahăr tos (foarte fin)

100 g/4 oz/½ cană cireșe glazurate (confiate)

10 ml/2 lingurițe praf de copt

2,5 ml/½ linguriță sare

1 ou, batut usor

250 ml/8 fl oz/1 cană lapte

120 ml/4 fl oz/½ cană ulei

Se amestecă făina, zahărul, cireșele, praful de copt și sarea și se face un godeu în mijloc. Combinați ingredientele rămase și amestecați ingredientele uscate până când se combină. Nu se amestecă. Se toarnă în forme pentru brioșe (hârtii) sau în forme pentru brioșe unse cu grăsime și se coace în cuptorul preîncălzit la 200°C/400°F/termostat 6 timp de 20 de minute, până când sunt bine crescute și elastice.

Brioşe de ciocolată

Dă 10-12

175 g/6 oz/1 ½ cană făină simplă (universal)

40 g/1½ oz/1/3 cană cacao (ciocolată neîndulcită) pudră

100 g/4 oz/½ cană zahăr tos (foarte fin)

10 ml/2 linguriţe praf de copt

2,5 ml/½ linguriţă sare

1 ou mare

250 ml/8 fl oz/1 cană lapte

2,5 ml/½ linguriţă esenţă de vanilie (extract)

120 ml/4 fl oz/½ cană ulei vegetal sau floarea soarelui

Se amestecă ingredientele uscate şi se face un godeu în mijloc. Se amestecă bine ouăle, laptele, esenţa de vanilie şi uleiul. Se amestecă rapid lichidul în ingredientele uscate până când se combină. Nu amestecaţi în exces; amestecul trebuie să fie cocoloşi. Se toarnă în forme pentru brioşe (hârtii) sau în forme (formă) şi se coace în cuptorul preîncălzit la 200°C/400°F/termostat 6 pentru aproximativ 20 de minute, până când se înmoaie bine la atingere.

Brioșă de ciocolată

Dă 12

175 g/6 oz/1 ½ cană făină simplă (universal)

100 g/4 oz/½ cană zahăr tos (foarte fin)

45 ml/3 linguri pudra de cacao (ciocolata neindulcita)

100 g/4 oz/1 cană chipsuri de ciocolată

10 ml/2 lingurițe praf de copt

2,5 ml/½ linguriță sare

1 ou, batut usor

250 ml/8 fl oz/1 cană lapte

120 ml/4 fl oz/½ cană ulei

2,5 ml/½ linguriță esență de vanilie (extract)

Se amestecă făina, zahărul, cacao, fulgii de ciocolată, praful de copt și sarea și se face un godeu în centru. Combinați ingredientele rămase și amestecați ingredientele uscate până când se combină. Nu se amestecă. Se toarnă în forme pentru brioșe (hârtii) sau în forme pentru brioșe unse cu grăsime și se coace în cuptorul preîncălzit la 200°C/400°F/termostat 6 timp de 20 de minute, până când sunt bine crescute și elastice.

Cupcake cu scorțișoară

Dă 12

225 g/8 oz/2 căni de făină simplă (universal)

100 g/4 oz/½ cană zahăr tos (foarte fin)

10 ml/2 lingurițe praf de copt

5 ml/1 linguriță. scorțișoară măcinată

2,5 ml/½ linguriță sare

1 ou, batut usor

250 ml/8 fl oz/1 cană lapte

120 ml/4 fl oz/½ cană ulei

Se amestecă făina, zahărul, praful de copt, scorțișoara și sarea și se face un godeu în mijloc. Combinați ingredientele rămase și amestecați ingredientele uscate până când se combină. Nu se amestecă. Se toarnă în forme pentru brioșe (hârtii) sau în forme pentru brioșe unse cu grăsime și se coace în cuptorul preîncălzit la 200°C/400°F/termostat 6 timp de 20 de minute, până când sunt bine crescute și elastice.

Briose din făină de porumb

Dă 12

50 g/2 oz/½ cană făină simplă (universal)

100 g/4 oz/1 cană făină de porumb

5 ml/1 linguriță praf de copt

1 ou, separat

1 galbenus de ou

30 ml/2 linguri ulei de porumb

30 ml/2 linguri lapte

Se amestecă făina, mălaiul și praful de copt. Bateți gălbenușurile, uleiul și laptele și apoi amestecați cu ingredientele uscate. Bate albusurile spuma pana se taie si apoi amesteca-le in amestec. Se toarnă în forme de brioșe (hârtie) sau în forme de brioșe unse cu unt și se coace în cuptorul preîncălzit la 200°C/400°F/termostat 6 timp de aproximativ 20 de minute până se rumenesc.

Briose cu smochine întregi

Da-i 10

100 g/4 oz/1 cană făină de grâu integral (grâu integral)

5 ml/1 linguriță praf de copt

50 g/2 oz/½ cană de ovăz rulat

1/3 cană/2 oz/50 g smochine uscate, tocate

45 ml/3 linguri ulei

75 ml/5 linguri lapte

15 ml/1 lingură melasă (melasă)

1 ou, batut usor

Amestecați făina, praful de copt și fulgii de ovăz, apoi adăugați smochinele. Se încălzește uleiul, laptele și melasa până se combină, apoi se amestecă cu ingredientele uscate cu oul și se amestecă pentru a forma un aluat tare. Turnați amestecul în forme pentru brioșe (hârtie) sau în forme pentru brioșe unse cu unt și coaceți în cuptorul preîncălzit la 190°C/375°F/termostat 5 timp de aproximativ 20 de minute până când se înmoaie.

Brioșe cu fructe și tărâțe

Dă 8

100 g/4 oz/1 cană Cereale integrale cu tărâțe

50 g/2 oz/½ cană făină simplă (universal)

2,5 ml/½ linguriță praf de copt

5 ml/1 lingurita bicarbonat de sodiu (bicarbonat de sodiu)

5 ml/1 linguriță. condimente măcinate (plăcintă cu mere)

50 g/2 oz/1/3 cană stafide

100 g/4 oz/1 cană sos de mere (sos)

5 ml/1 lingurita esenta de vanilie (extract)

30 ml/2 linguri lapte

Se amestecă ingredientele uscate și se face un godeu în mijloc. Se amestecă stafidele, sosul de mere și esența de vanilie și suficient lapte pentru a obține un amestec omogen. Se toarnă în forme de brioșe (hârtie) sau în forme de brioșe unse cu unt și se coace în cuptorul preîncălzit la 200°C/400°F/termostat 6 timp de 20 de minute, până când se ridică bine și devin aurii.

Briose cu ovăz

Da-i 20

100 g/4 oz/1 cană de ovăz rulat

100 g/4 oz/1 cană făină de ovăz

225 g/8 oz/2 căni de făină de grâu integral (grâu integral)

10 ml/2 lingurițe praf de copt

50 g/2 oz/1/3 cană stafide (opțional)

375 ml/13 fl oz/1½ cani de lapte

10 ml/2 lingurite ulei

2 albusuri

Amestecați fulgii de ovăz, făina și praful de copt și adăugați stafidele, dacă folosiți. Se amestecă laptele și uleiul. Bateți albușurile spumă până se întăresc și apoi adăugați-le în amestec. Se toarnă în forme de brioșe (hârtie) sau în forme de brioșe unse cu unt și se coace în cuptorul preîncălzit la 190°C/375°F/termostat 5 timp de aproximativ 25 de minute până se rumenesc.

Briose cu ovăz și fructe

Da-i 10

100 g/4 oz/1 cană făină de grâu integral (grâu integral)

100 g/4 oz/1 cană de ovăz rulat

15 ml/1 linguriță praf de copt

100 g/4 oz/2/3 cană stafide (stafide aurii)

50 g/2 oz/½ cană nuci amestecate tocate

1 mar (desert), curatat de coaja, fara miez si ras

45 ml/3 linguri ulei

30 ml/2 linguri de miere pura

15 ml/1 lingură melasă (melasă)

1 ou, batut usor

90 ml/6 linguri lapte

Se amestecă făina, fulgii de ovăz și praful de copt. Se amestecă stafidele, nucile și mărul. Se încălzește uleiul, mierea și melasa până se topesc, apoi se amestecă în amestec împreună cu oul și suficient lapte pentru a obține o consistență moale. Se toarnă în forme de brioșe (hârtie) sau în forme de brioșe unse cu unt și se coace în cuptorul preîncălzit la 190°C/375°F/termostat 5 timp de aproximativ 25 de minute până se rumenesc.

Briose cu portocale

Dă 12

100 g/4 oz/1 cană făină auto-crescătoare

100 g/4 oz/½ cană zahăr brun moale

1 ou, batut usor

120 ml/4 fl oz/½ cană suc de portocale

60 ml/4 linguri ulei

2,5 ml/½ linguriță esență de vanilie (extract)

25 g/1 oz/2 linguri de unt sau margarină

30 ml/2 linguri. linguri de făină simplă (universal)

2,5 ml/½ linguriță. scorțișoară măcinată

Amestecă într-un bol făina auto-levantă și jumătate din zahăr. Combinați ouăle, sucul de portocale, uleiul și esența de vanilie, apoi amestecați în ingredientele uscate până se combină. Nu se amestecă. Împărțiți în forme de brioșe (hârtie) sau forme de brioșe unse și coaceți în cuptorul preîncălzit la 200°C/400°F/termostat 6 timp de 10 minute.

Între timp, frecați untul sau margarina în făina netedă pentru umplutură, apoi adăugați zahărul rămas și scorțișoara. Se presară peste brioșe și se dau înapoi la cuptor pentru încă 5 minute până se rumenesc.

Briose cu piersici

Dă 12

225 g/8 oz/2 căni de făină simplă (universal)

100 g/4 oz/½ cană zahăr tos (foarte fin)

10 ml/2 linguriţe praf de copt

2,5 ml/½ linguriţă sare

1 ou, batut usor

6 fl oz/¾ cană lapte

120 ml/4 fl oz/½ cană ulei

1 cutie mică/7oz/200g piersici, scurse şi tocate

Se amestecă făina, zahărul, praful de copt şi sarea şi se face un godeu în mijloc. Combinaţi ingredientele rămase şi amestecaţi ingredientele uscate până când se combină. Nu se amestecă. Se toarnă în forme pentru brioşe (hârtii) sau în forme pentru brioşe unse cu grăsime şi se coace în cuptorul preîncălzit la 200°C/400°F/termostat 6 timp de 20 de minute, până când sunt bine crescute şi elastice.

Brioșe cu unt de arahide

Dă 12

225 g/8 oz/2 căni de făină simplă (universal)

100 g/4 oz/½ cană zahăr brun moale

10 ml/2 lingurițe praf de copt

2,5 ml/½ linguriță sare

1 ou, batut usor

250 ml/8 fl oz/1 cană lapte

120 ml/4 fl oz/½ cană ulei

45 ml/3 linguri. unt de arahide

Se amestecă făina, zahărul, praful de copt și sarea și se face un godeu în mijloc. Combinați ingredientele rămase și amestecați ingredientele uscate până când se combină. Nu se amestecă. Se toarnă în forme pentru brioșe (hârtii) sau în forme pentru brioșe unse cu grăsime și se coace în cuptorul preîncălzit la 200°C/400°F/termostat 6 timp de 20 de minute, până când sunt bine crescute și elastice.

Briose cu ananas

Dă 12

225 g/8 oz/2 căni de făină simplă (universal)

100 g/4 oz/½ cană zahăr brun moale

10 ml/2 lingurițe praf de copt

2,5 ml/½ linguriță sare

1 ou, batut usor

6 fl oz/¾ cană lapte

120 ml/4 fl oz/½ cană ulei

200 g/7 oz/1 cutie mică de ananas, scurs și tocat

30 ml/2 linguri zahăr demerara

Se amestecă făina, zahărul brun, praful de copt și sarea și se face un godeu în mijloc. Combinați toate ingredientele rămase, cu excepția zahărului demerara și amestecați cu ingredientele uscate până se combină. Nu se amestecă. Se pune în forme de brioșe (hârtie) sau în forme de brioșe unse cu unt și se presară cu zahăr demerara. Coaceți într-un cuptor preîncălzit la 200°C/400°F/termostat 6 timp de 20 de minute până când crește bine și moale la atingere.

Briose cu zmeură

Dă 12

225 g/8 oz/2 căni de făină simplă (universal)

100 g/4 oz/½ cană zahăr tos (foarte fin)

10 ml/2 lingurițe praf de copt

2,5 ml/½ linguriță sare

200 g de zmeură

1 ou, batut usor

250 ml/8 fl oz/1 cană lapte

120 ml/4 fl oz/½ cană ulei vegetal

Se amestecă făina, zahărul, praful de copt și sarea. Se amestecă zmeura și se face un godeu în mijloc. Se amestecă ouăle, laptele și uleiul și se toarnă în ingredientele uscate. Se amestecă ușor până când toate ingredientele uscate sunt combinate, dar amestecul este încă cocoloși. Nu bate prea mult. Se toarnă amestecul în forme pentru brioșe (hârtie) sau în forme pentru brioșe unse cu unt și se coace în cuptorul preîncălzit la 200°C/400°F/termostat 6 timp de 20 de minute, până când se înmoaie bine la atingere.

Brioșe cu zmeură și lămâie

Dă 12

175 g/6 oz/1 ½ cană făină simplă (universal)

50 g/2 oz/¼ cană zahăr granulat

50 g/2 oz/¼ cană zahăr brun moale

10 ml/2 lingurițe praf de copt

5 ml/1 linguriță. scorțișoară măcinată

Vârf de cuțit de sare

1 ou, batut usor

100 g/4 oz/½ cană unt sau margarină, topit

120 ml/4 fl oz/½ cană lapte

100 g de zmeura proaspata

10 ml/2 linguri. coaja de lamaie rasa

Pentru decor:
3 oz/½ cană/75 g zahăr pudră (de cofetarie), cernut

15 ml/1 lingură suc de lămâie

Amestecam intr-un castron faina, zaharul granulat, zaharul brun, praful de copt, scortisoara si sarea si facem un godeu in mijloc. Adăugați ouăle, untul sau margarina și laptele și amestecați până când ingredientele sunt combinate. Se amestecă zmeura și coaja de lămâie. Se toarnă în forme de brioșe (hârtie) sau în forme de brioșe unse cu unt și se coace în cuptorul preîncălzit la 180°C/350°F/termostat 4 timp de 20 de minute, până când devin aurii și moi la atingere. Pentru glazură, amestecați zahărul pudră și sucul de lămâie și turnați peste brioșele calde.

Briose Sultana

Dă 12

225 g/8 oz/2 căni de făină simplă (universal)

100 g/4 oz/½ cană zahăr tos (foarte fin)

100 g/4 oz/2/3 cană stafide (stafide aurii)

10 ml/2 lingurițe praf de copt

5 ml/1 linguriță. condimente măcinate (plăcintă cu mere)

2,5 ml/½ linguriță sare

1 ou, batut usor

250 ml/8 fl oz/1 cană lapte

120 ml/4 fl oz/½ cană ulei

Se amestecă făina, zahărul, stafidele, praful de copt, amestecul de condimente și sarea și se face un godeu în centru. Se amestecă restul ingredientelor până se omogenizează. Se toarnă în forme pentru brioșe (hârtii) sau în forme pentru brioșe unse cu grăsime și se coace în cuptorul preîncălzit la 200°C/400°F/termostat 6 timp de 20 de minute, până când sunt bine crescute și elastice.

Briose cu melasa

Dă 12

225 g/8 oz/2 căni de făină simplă (universal)

100 g/4 oz/½ cană zahăr brun moale

10 ml/2 linguriţe praf de copt

2,5 ml/½ linguriţă sare

1 ou, batut usor

6 fl oz/¾ cană lapte

60 ml/4 linguri de melasă (melasă)

120 ml/4 fl oz/½ cană ulei

Se amestecă făina, zahărul, praful de copt şi sarea şi se face un godeu în mijloc. Se amestecă restul ingredientelor până se omogenizează. Nu se amestecă. Se toarnă în forme pentru brioşe (hârtii) sau în forme pentru brioşe unse cu grăsime şi se coace în cuptorul preîncălzit la 200°C/400°F/termostat 6 timp de 20 de minute, până când sunt bine crescute şi elastice.

Brioșe cu melasă de ovăz

Da-i 10

100 g/4 oz/1 cană făină simplă (universal)

175 g/6 oz/1½ cană de ovăz

100 g/4 oz/½ cană zahăr brun moale

15 ml/1 linguriță praf de copt

5 ml/1 linguriță. scorțișoară măcinată

2,5 ml/½ linguriță sare

1 ou, batut usor

120 ml/4 fl oz/½ cană lapte

60 ml/4 linguri de melasă (melasă)

75 ml/5 linguri ulei

Se amestecă făina, fulgii de ovăz, zahărul, praful de copt, scorțișoara și sarea și se face un godeu în mijloc. Amestecați ingredientele rămase împreună, apoi amestecați ingredientele uscate până când se combină. Nu se amestecă. Se toarnă în forme pentru brioșe (hârtii) sau în forme pentru brioșe unse cu grăsime și se coace în cuptorul preîncălzit la 200°C/400°F/termostat 6 timp de 15 minute până când s-au ridicat bine și sunt elastice.

Pâine prăjită cu fulgi de ovăz

Dă 8

225 g/8 oz/2 căni de ovăz

100 g/4 oz/1 cană făină de grâu integral (grâu integral)

5 ml/1 lingurita sare

5 ml/1 linguriță praf de copt

50 g/2 oz/¼ cană untură (grăsime)

30 ml/2 linguri de apă rece

Amestecați ingredientele uscate împreună, apoi amestecați untura până când amestecul seamănă cu pesmetul. Amestecă suficientă apă pentru a face un aluat tare. Se întinde pe o suprafață ușor făinată până la un cerc de 7 cm/18 cm și se taie în opt felii. Puneți pe o foaie de copt unsă și coaceți în cuptorul preîncălzit la 180°C/350°F/termostat 4 timp de 25 de minute. Serviți cu unt, marmeladă sau marmeladă.

Omlete cu ciuperci de căpșuni

Dă 18

5 gălbenușuri de ou

75 g/3 oz/1/3 cană zahăr tos (foarte fin)

Vârf de cuțit de sare

Coaja rasă de ½ lămâie

4 albusuri

40 g/1½ oz/1/3 cană făină de porumb (amidon de porumb)

1½ oz/40 g/1/3 cană făină simplă (universal)

40 g/1½ oz/3 linguri. lingura de unt sau margarina, topit

½ linguriță/1¼ cană/300 ml smântână pentru frișcă

225g/8oz căpșuni

Zahăr pudră (cofetarie), cernut, pentru stropire

Bateți gălbenușurile cu 25 g/1 oz/2 linguri de zahăr tos până când sunt palide și groase, apoi adăugați sare și coaja de lămâie. Bateți albușurile spumă până se formează vârfuri tari, apoi adăugați zahărul pudră rămas și continuați să bateți până când sunt tari și lucioase. Se amestecă gălbenușurile, apoi se amestecă amidonul de porumb și făina. Se amestecă untul topit sau margarina. Transferați amestecul într-o pungă prevăzută cu o duză simplă (vârf) de 1 cm/½ și treceți în cercuri de 15 cm/6 pe o tavă unsă și tapetată cu unt. Coaceți în cuptorul preîncălzit la 220°C/425°F/termostat 7 timp de 10 minute până când devine doar colorat, dar nu auriu. O vom lăsa să se răcească.

Bateți smântâna până se întărește. Întindeți un strat subțire pe jumătate din fiecare cerc, aranjați căpșunile deasupra și apoi terminați cu mai multă cremă. Îndoiți jumătatea superioară a „omletei" deasupra. Se presară cu zahăr pudră și se servește.

prăjituri cu mentă

Dă 12

100 g/4 oz/½ cană unt sau margarină, înmuiată

100 g/4 oz/½ cană zahăr tos (foarte fin)

2 oua, batute usor

75 g/3 oz/¾ cană făină auto-crescătoare (auto-crescătoare)

10 ml/2 linguri. cacao pudră (ciocolată neîndulcită)

Vârf de cuțit de sare

8 oz/11/3 cesti/225 g zahar pudra (cofetarie), cernut

30 ml/2 linguri apă

Câteva picături de colorant alimentar verde

Câteva picături de esență de mentă (extract)

Mentă de ciocolată, tăiată la jumătate, pentru ornat

Bateți untul sau margarina și zahărul până devin ușor și pufos, apoi amestecați treptat ouăle. Se amestecă făina, cacao și sarea. Se toarnă în forme unse cu unt și se coace în cuptorul preîncălzit la 200°C/400°F/termostat 6 timp de 10 minute până când devine elastic la atingere. O vom lăsa să se răcească.

Cerneți zahărul pudră într-un bol și amestecați cu 15 ml/1 lingură de apă, apoi adăugați colorant alimentar și esență de mentă după gust. Adăugați mai multă apă dacă este necesar pentru a obține o consistență care acoperă dosul lingurii. Întindeți cireașa pe prăjituri și decorați cu mentă de ciocolată.

Prajituri cu stafide

Dă 12

175 g/6 oz/1 cană stafide

250 ml/8 fl oz/1 cană apă

5 ml/1 lingurita bicarbonat de sodiu (bicarbonat de sodiu)

100 g/4 oz/½ cană unt sau margarină, înmuiată

100 g/4 oz/½ cană zahăr brun moale

1 ou bătut

5 ml/1 lingurita esenta de vanilie (extract)

200 g/7 oz/1¾ cani de făină simplă (universal)

5 ml/1 linguriță praf de copt

Vârf de cuțit de sare

Aduceți stafidele, apa și bicarbonatul de sodiu la fiert într-o oală și gătiți până se înmoaie timp de 3 minute. Lăsați-l să se răcească până la o stare călduță. Frecați untul sau margarina și zahărul într-o masă palidă și pufoasă. Adaugam treptat ouale si esenta de vanilie. Se amestecă amestecul de stafide, apoi se amestecă făina, praful de copt și sarea. Se toarnă amestecul în forme pentru brioșe (hârtii) sau în forme pentru brioșe unse cu unt și se coace în cuptorul preîncălzit la 180°C/350°F/termostat 4, timp de 12-15 minute, până când se rumenesc bine.

Bucle cu stafide

Da-i 24

225 g/8 oz/2 căni de făină simplă (universal)

Un praf de condimente măcinate (plăcintă cu mere)

5 ml/1 lingurita bicarbonat de sodiu (bicarbonat de sodiu)

225 g/8 oz/1 cană zahăr tos (foarte fin)

45 ml/3 linguri. migdale măcinate

8 oz/1 cană unt sau margarină, topit

45 ml/3 linguri. stafide

1 ou, batut usor

Se amestecă ingredientele uscate, apoi se amestecă untul topit sau margarina, apoi stafidele și ouăle. Se amestecă bine pentru a face o pastă tare. Se întinde pe o suprafață ușor făinată până la aproximativ ¼/5 mm grosime și se taie în fâșii de ¼/5 mm x 20 cm x 8. Umeziți ușor suprafața de sus cu puțină apă, apoi rulați fiecare fâșie de la capătul mai scurt. Se pune pe o tavă de copt unsă și se coace în cuptorul preîncălzit la 200°C/400°F/termostat 6 timp de 15 minute până devin aurii.

Chiflă cu Zmeură

Face 12 pâini

225 g/8 oz/2 căni de făină simplă (universal)

7,5 ml/½ linguriță praf de copt

2,5 ml/½ linguriță. condimente măcinate (plăcintă cu mere)

Vârf de cuțit de sare

75 g/3 oz/1/3 cană unt sau margarină

75 g/3 oz/1/3 cană zahăr tos (foarte fin), plus suplimentar pentru stropire

1 ou

60 ml/4 linguri lapte

60 ml/4 lingurite gem de zmeura (plecam)

Se amestecă făina, praful de copt, condimentele și sarea, apoi se amestecă untul sau margarina până când amestecul seamănă cu pesmet. Se amestecă zahărul. Amestecați ouăle și suficient lapte pentru a face un aluat tare. Împărțiți-le în 12 bile și puneți-le pe o tavă unsă cu uns. Faceți o gaură în mijlocul fiecăruia cu degetul și turnați niște dulceață de zmeură. Ungeți cu lapte și stropiți cu zahăr pudră. Coaceți într-un cuptor preîncălzit la 220°C/425°F/termostat 7 timp de 10 până la 15 minute până când se rumenesc. Ornați cu puțină marmeladă dacă doriți.

Prajituri cu orez brun si floarea soarelui

Dă 12

75 g/3 oz/¾ cană de orez brun fiert

50 g/2 oz/½ cană seminţe de floarea soarelui

25 g/1 oz/¼ cană seminţe de susan

40 g/1½ oz/¼ cană stafide

40 g/1½ oz/¼ cană cireşe glazurate (confiate), tăiate în sferturi

25 g/1 oz/2 linguri zahăr brun moale

15 ml / 1 lingura de miere pura

75 g/3 oz/1/3 cană unt sau margarină

5 ml/1 lingurita suc de lamaie

Amestecaţi orezul, seminţele şi fructele. Topiţi zahărul, mierea, untul sau margarina şi sucul de lămâie şi amestecaţi în amestecul de orez. Împărţiţi în 12 forme (hârtie de cupcake) şi coaceţi în cuptorul preîncălzit la 200°C/400°F/termostat 6 timp de 15 minute.

prăjituri rock

Dă 12

225 g/8 oz/2 căni de făină simplă (universal)

Vârf de cuțit de sare

10 ml/2 lingurițe praf de copt

2 oz/¼ cană/50 g unt sau margarină

50 g/2 oz/¼ cană untură (grăsime)

2/3 cană/4 oz/100 g fructe amestecate uscate (amestec de prăjitură cu fructe)

100 g/4 oz/½ cană zahăr demerara

Coaja rasă de ½ lămâie

1 ou

15-30 ml/1-2 linguri lapte

Se amestecă făina, sarea și praful de copt, apoi se amestecă untul sau margarina și untura până când amestecul seamănă cu pesmet. Se amestecă fructele, zahărul și coaja de lămâie. Bateți ouăle cu 15 ml/1 lingură de lapte, adăugați la ingredientele uscate și amestecați până la o pastă tare, adăugând mai mult lapte dacă este necesar. Puneți linguri mici din amestec pe o foaie de copt unsă și coaceți în cuptorul preîncălzit la 200°C/400°F/termostat 6 timp de 15-20 de minute până devin aurii.

Prăjituri rock fără zahăr

Dă 12

75 g/3 oz/1/3 cană unt sau margarină

175 g/6 oz/1 ¼ cană făină de grâu integral (grâu integral)

50 g/2 oz/½ cană făină de ovăz

10 ml/2 lingurițe praf de copt

5 ml/1 linguriță. scorțișoară măcinată

100 g/4 oz/2/3 cană stafide (stafide aurii)

Coaja rasă de 1 lămâie

1 ou, batut usor

90 ml/6 linguri lapte

Frecați untul sau margarina în făină, praf de copt și scorțișoară până când amestecul seamănă cu pesmet. Se amestecă stafidele și coaja de lămâie. Adăugați oul și suficient lapte pentru a obține un amestec omogen. Puneți câte linguri pe o foaie de copt unsă și coaceți în cuptorul preîncălzit la 200°C/400°F/termostat 6 timp de 15-20 de minute până devin aurii.

Prajituri cu sofran

Dă 12

Un praf de şofran măcinat

75 ml/5 linguri de apă clocotită

75 ml/5 linguri apă rece

100 g/4 oz/½ cană unt sau margarină, înmuiată

225 g/8 oz/1 cană zahăr tos (foarte fin)

2 oua, batute usor

225 g/8 oz/2 căni de făină simplă (universal)

10 ml/2 linguriţe praf de copt

2,5 ml/½ linguriţă sare

175 g/6 oz/1 cană stafide (stafide aurii)

175 g/6 oz/1 cană coajă amestecată (confiată) tocată

Înmuiaţi şofranul în apă clocotită timp de 30 de minute, apoi adăugaţi apă rece. Bateţi untul sau margarina şi zahărul până devin uşor şi pufos, apoi amestecaţi treptat ouăle. Se amestecă făina cu praful de copt şi sarea, apoi se amestecă 50g/2oz/½ cană din amestecul de făină cu stafidele şi coaja amestecată. Treceţi făina şi apoi fructele în amestecul de smântână alternativ cu apa de şofran. Se toarnă în forme de brioşe (hârtie) sau în forme de brioşe unse şi unse cu făină şi se coace în cuptorul preîncălzit la 190°C/375°F/termostat 5 timp de aproximativ 15 minute până când devine elastic.

baba de rom

Dă 8

100 g/4 oz/1 cană făină tare (pâine).

5 ml/1 linguriță. usor de amestecat drojdia uscata

Vârf de cuțit de sare

45 ml/3 linguri lapte fierbinte

2 oua, batute usor

2 oz/¼ cană/50 g unt sau margarină, topită

25 g / 1 oz / 3 linguri de agrișe

Pentru sirop:

250 ml/8 fl oz/1 cană apă

75 g/3 oz/1/3 cană zahăr granulat

20 ml/4 lingurite suc de lamaie

60 ml/4 linguri rom

Pentru glazura si decor:

60 ml/4 lingurițe gem de caise (conservă), strecurată (strecurată)

15 ml/1 lingura de apa

¼ pct/2/3 cană/150 ml smântână pentru frișcă sau smântână dublă (grea)

4 cireșe glazurate (confiate), tăiate la jumătate

Câteva felii de angelica, tăiate în triunghiuri

Amestecați făina, praful de copt și sarea într-un bol și faceți un godeu în mijloc. Amestecați laptele, ouăle și untul sau margarina, apoi amestecați în făină pentru a forma un aluat neted. Se amestecă coacăzele. Împărțiți aluatul în opt forme circulare individuale unse și înfăinate (forma tuburi) astfel încât acestea să se ridice doar la o treime din înălțimea formelor. Se acopera cu folie alimentara (plastic) unsa cu ulei si se lasa la odihnit la loc caldut 30 de minute, pana cand aluatul ajunge in varful formelor. Coaceți în cuptorul preîncălzit la 200°C/400°F/termostat 6 timp de 15 minute până se rumenesc. Întoarceți cratițele și lăsați-le să se răcească 10 minute, apoi scoateți prăjiturile din tavă și puneți-le într-un vas mare, puțin adânc.

Pentru a face siropul, încălziți apa, zahărul și sucul de lămâie la foc mic și amestecați până se dizolvă zahărul. Se mărește focul și se aduce la fierbere. Se ia de pe foc si se adauga romul. Se toarnă siropul fierbinte peste prăjituri și se lasă la macerat 40 de minute.

Încinge gemul și apa la foc mic până se omogenizează bine. Frecați copilul și puneți-l pe o farfurie de servire. Bate frisca si aseaza-o in centrul fiecarui tort. Se ornează cu cireșe și angelica.

Prăjituri cu pandișpan

Da-i 24

5 gălbenușuri de ou

75 g/3 oz/1/3 cană zahăr tos (foarte fin)

7 albusuri

75 g/3 oz/¾ cană făină de porumb (amidon de porumb)

50 g/2 oz/½ cană făină simplă (universal)

Bateți gălbenușurile cu 15 ml/1 lingură de zahăr până când sunt palide și groase. Bateți albușurile spumă până se întăresc, apoi adăugați zahărul rămas până când devine gros și lucios. Se amestecă amidonul de porumb folosind o lingură de metal. Îndoiți jumătate din gălbenușurile în albușuri folosind o lingură de metal, apoi adăugați gălbenușurile rămase. Se amestecă ușor făina. Transferați amestecul într-o pungă prevăzută cu o duză obișnuită de 2,5 cm (vârf) și formați prăjituri rotunde, bine distribuite, pe o tavă de copt unsă și tapetată. Coaceți în cuptorul preîncălzit la 200°C/400°F/termostat 6 timp de 5 minute,

Tort de ciocolata

Dă 12

5 gălbenușuri de ou

75 g/3 oz/1/3 cană zahăr tos (foarte fin)

7 albusuri

75 g/3 oz/¾ cană făină de porumb (amidon de porumb)

50 g/2 oz/½ cană făină simplă (universal)

60 ml/4 lingurițe gem de caise (conservă), strecurată (strecurată)

30 ml/2 linguri apă

1 cantitate de glazură de ciocolată gătită

¼ pct/2/3 cană/150 ml smântână pentru frișcă

Bateți gălbenușurile cu 15 ml/1 lingură. zahăr până când palid și gros. Bateți albușurile spumă până se întăresc, apoi adăugați zahărul rămas până când devine gros și lucios. Se amestecă amidonul de porumb folosind o lingură de metal. Îndoiți jumătate din gălbenușurile în albușuri folosind o lingură de metal, apoi adăugați gălbenușurile rămase. Se amestecă ușor făina. Transferați amestecul într-o pungă prevăzută cu o duză obișnuită de 2,5 cm (vârf) și formați prăjituri rotunde, bine distribuite, pe o tavă de copt unsă și tapetată. Coaceți în cuptorul preîncălzit la 200°C/400°F/termostat 6 timp de 5 minute, apoi reduceți temperatura cuptorului la 180°C/350°F/termostat 4 pentru încă 10 minute, până când devine maro auriu și moale la atingere. . Transferați pe o grătar.

Fierbeți gemul și apa până când se îngroașă și netedă, apoi se întinde peste blatul prăjiturii. O vom lăsa să se răcească. Înmuiați fursecurile în glazură de ciocolată și lăsați să se răcească. Bateți smântâna până se întărește și apoi acoperiți prăjiturile cu ea.

globuri de zăpadă de vară

Da-i 24

100 g/4 oz/½ cană unt sau margarină, înmuiată

100 g/4 oz/½ cană zahăr tos (foarte fin)

5 ml/1 lingurita esenta de vanilie (extract)

2 oua, batute usor

225 g/8 oz/2 căni de făină auto-crescătoare (auto-crescătoare)

120 ml/4 fl oz/½ cană lapte

120 ml/4 fl oz/½ cană smântână dublă (groasă)

1 uncie/3 linguri/25 g zahăr pudră (cofetarie), cernut

60 ml/4 lingurițe gem de caise (conservă), strecurată (strecurată)

30 ml/2 linguri apă

1¼ cană/5 oz/150 g nucă de cocos deshidratată (mărunțită)

Bateți untul sau margarina și zahărul până devine ușor și pufos. Adaugam treptat esenta de vanilie si ouale, apoi adaugam alternativ faina si laptele. Se toarnă amestecul în forme de brioșe unse cu unt și se coace în cuptorul preîncălzit la 180°C/350°F/termostat 4 timp de 15 minute, până când se înmoaie bine la atingere. Transferați pe un grătar pentru a se răci. Tăiați vârful brioșelor.

Bateți smântâna și zahărul pudră până se întăresc, apoi puneți câte o linguriță pe fiecare brioșă și acoperiți cu un capac. Se încălzește dulceața și apa până se amestecă, apoi se unge blatul brioșelor și se stropește generos cu nucă de cocos.

picaturi de ciuperci

Dă 12

3 oua batute

100 g/4 oz/½ cană zahăr tos (foarte fin)

2,5 ml/½ linguriță esență de vanilie (extract)

100 g/4 oz/1 cană făină simplă (universal)

5 ml/1 linguriță praf de copt

100 g/4 oz/1/3 cană gem de zmeură (cumpărată din magazin)

¼ pct/2/3 cană/150 ml smântână dublă (grea), frișcă pentru frișcă

Zahăr pudră (cofetarie), cernut, pentru stropire

Puneți ouăle, zahărul pudră și esența de vanilie într-un castron termorezistent pus peste o cratiță cu apă clocotită și amestecați până când amestecul se îngroașă. Scoateți vasul din oală și adăugați făina și praful de copt. Puneti amestecul pe o tava unsa cu unt si coaceti in cuptorul preincalzit la 190°C/375°F/termostat 5 timp de 10 minute pana devin aurii. Transferați pe un grătar și lăsați să se răcească. Acoperiți picăturile cu gem și smântână și pudrați cu zahăr pudră.

Bezele de bază

Meniul 6-8

2 albusuri

100 g/4 oz/½ cană zahăr tos (foarte fin)

Bateți albușurile într-un castron curat, fără grăsimi, până se formează vârfuri moi. Adăugați jumătate din zahăr și continuați să bateți până când amestecul formează vârfuri tari. Folosind o lingură de metal, amestecați ușor zahărul rămas. Tapetați o tavă cu hârtie de copt și puneți pe ea 6-8 linguri de bezea. Uscați bezeaua la cea mai mică temperatură posibilă în cuptor timp de 2 până la 3 ore. Se răcește pe un grătar.

Bezele cu migdale

Dă 12

2 albusuri

100 g/4 oz/½ zahăr tos (foarte fin)

100 g/4 oz/1 cană migdale măcinate

Câteva picături de esență de migdale (extract)

12 jumătăți de migdale pentru decor

Bate albusurile spuma pana se formeaza varfuri tari. Adăugați jumătate din zahăr și continuați să bateți până când amestecul formează vârfuri tari. Se adauga restul de zahar, migdalele macinate si esenta de migdale. Împărțiți amestecul în 12 cercuri pe o foaie de copt unsă și tapetată și puneți jumătate din migdale pe fiecare. Coaceți în cuptorul preîncălzit la 130°C/250°F/termostat ½ timp de 2 până la 3 ore până devine crocant.

Biscuiți spanioli cu migdale și bezea

Dă 16

225 g/8 oz/1 cană zahăr granulat

225 g/8 oz/2 cesti migdale macinate

1 albus de ou

100 g/4 oz/1 cană migdale întregi

Bateți zahărul, migdalele măcinate și albușul într-o pastă netedă. Formați o minge și aplatizați aluatul cu un sucitor. Tăiați rondele mici și puneți-le pe o foaie de biscuiți unsă. Apăsați o migdale întreagă în centrul fiecărui prăjitură. Coaceți în cuptorul preîncălzit la 160°C/325°F/termostat 3 timp de 15 minute.

Coşuri de bezea coapte

Dă 6

4 albusuri

8–9 oz/225–250 g/11/3–1½ cani de zahăr pudră (cofetarie), cernut

Câteva picături de esenţă de vanilie (extract)

Bate albusurile spuma intr-un bol curat, termorezistent, fara grasime, pana devine spumoasa, apoi amesteca treptat zaharul pudra si apoi esenta de vanilie. Pune vasul peste o tigaie cu apă clocotită şi bate până când bezeaua îşi păstrează forma şi lasă o urmă groasă când scoţi telul. Tapetaţi o tavă cu hârtie de copt şi desenaţi şase cercuri cu diametrul de 7,5 cm/3 cm pe hârtie. Folosind jumătate din amestecul de bezea, puneţi un strat de bezea în interiorul fiecărui cerc. Puneţi restul într-o pungă de patiserie şi puneţi două straturi de bezea pe marginea fiecărei baze. Se usucă într-un cuptor preîncălzit la 150°C/300°F/termostat 2 timp de aproximativ 45 de minute.

Chips de migdale

Da-i 10

2 albusuri

100 g/4 oz/½ cană zahăr tos (foarte fin)

75 g/3 oz/¾ cană migdale măcinate

25 g/1 oz/2 linguri. linguri de unt sau margarină, înmuiate

1/3 cană/2 oz/50 g zahăr pudră (pentru cofetari), cernut

10 ml/2 linguri. cacao pudră (ciocolată neîndulcită)

50 g/2 oz/½ cană ciocolată netedă (semidulce), topită

Bate albusurile spuma pana se formeaza varfuri tari. Adaugam zaharul pudra putin cate putin. Se amestecă migdalele măcinate. Folosind o duză de ½"/1 cm, turnați amestecul în lungimi de 2"/5 cm pe o foaie de copt (de copt) ușor unsă cu ulei. Coaceți într-un cuptor preîncălzit la 140°C/275°F/termostat 1 timp de 1 1 până la 1½ oră. Se lasa la racit.

Se amestecă untul sau margarina, zahărul pudră şi cacao. Sandwich perechi de fursecuri (cookies) cu umplutură. Topiți ciocolata într-un castron termorezistent peste o oală cu apă clocotită. Înmuiați capetele bezelor în ciocolată și lăsați să se răcească pe un grătar.

Bezea spaniolă cu migdale și lămâie

Da-i 30

150 g/5 oz/1 ¼ cană migdale albite

2 albusuri

Coaja rasă de ½ lămâie

200 g / 7 oz / puțin 1 cană zahăr tos (foarte fin)

10 ml/2 lingurițe suc de lămâie

Prăjiți migdalele într-un cuptor preîncălzit la 150°C/300°F/termostat 2 pentru aproximativ 30 de minute, până când sunt aurii și aromate. Tocați grosier o treime din nuci și restul măcinați mărunt.

Bate albusurile spuma pana se formeaza varfuri tari. Se amestecă coaja de lămâie și două treimi din zahăr. Adăugați sucul de lămâie și bateți până se întărește și devine lucios. Adăugați restul de zahăr și migdalele măcinate. Se amestecă migdalele tocate. Așezați linguri de bezea pe o tavă de copt unsă și tapetată cu folie și puneți la cuptorul preîncălzit. Reduceți imediat temperatura cuptorului la 110°C/225°F/termostat ¼ și coaceți în cuptor aproximativ 1 oră și 30 de minute până se usucă.

Bezea în ciocolată

Dă 4

2 albusuri

100 g/4 oz/½ cană zahăr tos (foarte fin)

100 g/4 oz/1 cană ciocolată netedă (semidulce)

¼ pct/2/3 cană/150 ml smântână dublă (grea), frișcă pentru frișcă

Bateți albușurile într-un castron curat, fără grăsimi, până se formează vârfuri moi. Adăugați jumătate din zahăr și continuați să bateți până când amestecul formează vârfuri tari. Folosind o lingură de metal, amestecați ușor zahărul rămas. Tapetați o tavă cu hârtie de copt și puneți pe ea opt linguri de bezea. Uscați bezeaua la cea mai mică temperatură posibilă în cuptor timp de 2 până la 3 ore. Se răcește pe un grătar.

Topiți ciocolata într-un castron termorezistent pus peste o oală cu apă clocotită. Se lasa sa se raceasca putin. Înmuiați ușor cele patru bezele în ciocolată, astfel încât să fie acoperite pe exterior. Lăsați să stea pe hârtie de pergament (cerată) până se fixează. Acoperiți bezeaua de ciocolată și bezeaua simplă cu smântână și repetați cu bezele rămase.

Bezele cu ciocolată cu mentă

Dă 18

3 albusuri

100 g/4 oz/½ cană zahăr tos (foarte fin)

75 g/3 oz/¾ ceasca de menta ciocolata tocata

Bate albusurile spuma pana se formeaza varfuri tari. Se bate treptat zaharul pana cand albusurile devin tari si lucioase. Se amestecă menta tocată. Turnați amestecul pe o foaie de copt tapetată cu unsoare și coaceți într-un cuptor preîncălzit la 140°C/275°F/termostat 1 1½ ore până se usucă.

Bezea cu fulgi de ciocolata si nuca

Dă 12

2 albusuri

175 g/6 oz/¾ cană zahăr tos (foarte fin)

50 g/2 oz/½ cană chipsuri de ciocolată

1 oz/¼ cană nuci, tocate mărunt

Preîncălziți cuptorul la 190°C/375°F/termostat 5. Bateți albușurile spumă până se formează vârfuri moi. Adăugați treptat zahărul și bateți până când amestecul formează vârfuri tari. Se amestecă fulgii de ciocolată și nucile. Turnați amestecul pe o tavă unsă cu uns și dați la cuptor. Opriți cuptorul și lăsați să se răcească.

Bezele de alune

Dă 12

100 g/4 oz/1 cană alune de pădure

2 albusuri

100 g/4 oz/½ cană zahăr tos (foarte fin)

Câteva picături de esență de vanilie (extract)

Rezervați 12 nuci pentru ornat și zdrobiți restul. Bate albusurile spuma pana se formeaza varfuri tari. Adăugați jumătate din zahăr și continuați să bateți până când amestecul formează vârfuri tari. Se adauga restul de zahar, alunele macinate si esenta de vanilie. Împărțiți amestecul în 12 cercuri pe o foaie de copt unsă și tapetată și puneți pe fiecare o nucă rezervată. Coaceți în cuptorul preîncălzit la 130°C/250°F/termostat ½ timp de 2 până la 3 ore până devine crocant.

Prajitura cu bezea cu nuca

Face un tort de 9"/23 cm

Pentru tort:

2 oz/¼ cană/50 g unt sau margarină, înmuiată

2/3 cană/5 oz/150 g zahăr tos (foarte fin)

4 ouă, separate

100 g/4 oz/1 cană făină simplă (universal)

10 ml/2 lingurițe praf de copt

Vârf de cuțit de sare

60 ml/4 linguri lapte

5 ml/1 lingurita esenta de vanilie (extract)

2 oz/½ cană/50 g nuci pecan, tocate mărunt

Pentru crema de patiserie:

250 ml/8 fl oz/1 cană lapte

50 g/2 oz/¼ cană zahăr tos (foarte fin)

50 g/2 oz/½ cană făină simplă (universal)

1 ou

Vârf de cuțit de sare

120 ml/4 fl oz/½ cană smântână dublă (groasă)

Pentru a face tortul, bateți untul sau margarina cu ½ cană/4 oz/100 g zahăr până devine ușor și pufos. Adăugați treptat gălbenușurile, apoi adăugați făina, praful de copt și sarea alternativ cu laptele și esența de vanilie. Împărțiți în două forme de tort de 23 cm/9 tapetate cu unt și nivelați suprafața. Albusurile se bat spuma pana se taie, apoi se adauga zaharul ramas si se bat din nou pana se taie si devine lucios. Se intinde peste amestecul de tort si se presara cu nuci. Coaceți în cuptorul preîncălzit la

150°C/300°F/termostat 3 timp de 45 de minute până când bezeaua se usucă. Transferați pe un grătar pentru a se răci.

Pentru crema de patiserie amestecam putin lapte cu zaharul si faina. Aduceți laptele rămas la fiert într-o cratiță, turnați peste amestecul de zahăr și amestecați până se omogenizează. Se pune laptele înapoi în tigaia clătită și se aduce la fierbere, amestecând continuu, apoi se fierbe până se îngroașă, amestecând continuu. Se ia de pe foc si se adauga oul si sarea si se lasa sa se raceasca putin. Bateți smântâna până se întărește și apoi amestecați-o în amestec. O vom lăsa să se răcească. Acoperiți prăjiturile cu cremă de patiserie.

Macaroane felii cu alune

Da-i 20

175 g/6 oz/1½ cană alune de pădure, decojite

3 albusuri

225 g/8 oz/1 cană zahăr tos (foarte fin)

5 ml/1 lingurita esenta de vanilie (extract)

5 ml/1 linguriță. scorțișoară măcinată

5 ml/1 linguriță. coaja de lamaie rasa

hartie de orez

Tăiați grosier 12 alune și restul măcinați mărunt. Bate albusurile spuma pana devin usoare si pufoase. Adăugați treptat zahărul și bateți până când amestecul formează vârfuri tari. Se amestecă alunele de pădure, esența de vanilie, scorțișoara și coaja de lămâie. Puneți lingurițe pline pe o tavă de copt tapetată cu hârtie de copt, apoi întindeți-le în fâșii subțiri. Se lasa sa stea 1 ora. Coaceți în cuptorul preîncălzit la 180°C/350°F/termostat 4 timp de 12 minute până când sunt fermi la atingere.

Un strat de bezea și nuci

Face un tort de 10"/25 cm

100 g/4 oz/½ cană unt sau margarină, înmuiată

400 g/14 oz/1¾ cană zahăr tos (foarte fin)

3 galbenusuri de ou

100 g/4 oz/1 cană făină simplă (universal)

10 ml/2 lingurițe praf de copt

120 ml/4 fl oz/½ cană lapte

100 g/4 oz/1 cană nuci

4 albusuri

250 ml/8 fl oz/1 cană smântână dublă (groasă)

5 ml/1 lingurita esenta de vanilie (extract)

Pudră de cacao (ciocolată neîndulcită) pentru stropire

Crema unt sau margarina si 3 oz/¾ cana/75 g zahar pana devine usoara si pufoasa. Adăugați treptat gălbenușurile, apoi adăugați făina și praful de copt alternativ cu laptele. Împărțiți aluatul în două forme unse cu unt și făinate de 25 cm/10 forme de tort. Păstrează câteva jumătăți de nucă pentru decor, restul se toacă mărunt și se presară peste prăjituri. Albusurile se bat spuma, apoi se adauga zaharul ramas si se bat din nou pana devine gros si lucios. Se intinde pe prajituri si se coace in cuptorul preincalzit la 180°C/350°F/termostat 4 timp de 25 de minute, acoperind prajitura cu hartie de copt (cerata) spre final daca bezeaua incep sa se rumeneasca prea mult. Se lasa sa se raceasca in forme,
Bateți smântâna și esența de vanilie până se întăresc. Așezați prăjiturile împreună cu jumătate din smântână, cu bezea în sus și întindeți restul deasupra. Se decorează cu nuci rezervate și se presară cacao cernută.

Munții Bezea

Dă 6

2 albusuri

100 g/4 oz/½ cană zahăr tos (foarte fin)

¼ pct/2/3 cană/150 ml smântână dublă (grea)

12 oz/350 g căpșuni, feliate

25 g/1 oz/¼ cană ciocolată netedă (semidulce), rasă

Bate albusurile spuma pana se formeaza varfuri tari. Adăugați jumătate din zahăr și bateți până devine gros și lucios. Se amestecă zahărul rămas. Aranjați șase runde de bezea pe hârtie de copt pe o foaie de copt (biscuiți). Coaceți în cuptorul preîncălzit la 140°C/275°F/termostat 1 timp de 45 de minute până când devine auriu și crocant. Interiorul rămâne destul de moale. Scoatem din tava si lasam sa se raceasca pe un gratar.

Bateți smântâna până se întărește. Întindeți sau acoperiți rondelele de bezea cu jumătate de cremă, decorați cu fructe și apoi decorați cu restul de cremă. Se presara ciocolata rasa deasupra.

Bezea cu crema de zmeura

Pentru 6 persoane

2 albusuri

100 g/4 oz/½ cană zahăr tos (foarte fin)

¼ pct/2/3 cană/150 ml smântână dublă (grea)

30 ml/2 linguri. lingura de zahar pudra (pentru bomboane)

225g/8oz zmeură

Bateți albușurile într-un castron curat, fără grăsimi, până se formează vârfuri moi. Adăugați jumătate din zahăr și continuați să bateți până când amestecul formează vârfuri tari. Folosind o lingură de metal, amestecați ușor zahărul rămas. Tapetați o tavă de copt (cofetarie) cu hârtie de copt și puneți pe ea inele mici de bezea. Uscați bezeaua la cea mai scăzută setare posibilă în cuptor timp de 2 ore. Se răcește pe un grătar.

Bateți smântâna cu zahărul pudră până se întărește, apoi adăugați zmeura. Folosiți pentru a îndepărta perechile de bezele și a le îngrămădi pe o farfurie de servire.

Prajituri cu ratafia

Dă 16

3 albusuri

100 g/4 oz/1 cană migdale măcinate

225 g/8 oz/1 cană zahăr tos (foarte fin)

Bate albusurile spuma pana se formeaza varfuri tari. Adăugați migdalele și jumătate din zahăr și bateți din nou până se întăresc. Se amestecă zahărul rămas. Puneti rondelele mici pe o tava de copt unsa si tapetata si coaceti in cuptorul preincalzit la 150°C/termostat 2 pentru 50 de minute, pana marginile sunt uscate si crocante.

Caramel Vacherin

Face un tort de 9"/23 cm

4 albusuri

225 g/8 oz/1 cană zahăr brun moale

50 g/2 oz/½ cană alune de pădure, tocate

½ pct/1 ¼ cană/300 ml smântână dublă (groasă)

Câteva alune întregi pentru ornat

Bate albusurile spuma pana formeaza varfuri moi. Bateți treptat zahărul până când devine tare și lucios. Se toarnă bezea într-o pungă prevăzută cu o duză simplă de 1 cm/½ (vârf) și se așează două spirale de bezea de 23 cm/9 pe o tavă de copt unsă și tapetată. Se presară 15 ml/1 linguriță. nuci tocate și coaceți în cuptorul preîncălzit la 120°C/250°F/termostat ½ timp de 2 ore până devine crocant. Transferați pe un grătar pentru a se răci.

Bateți smântâna până se întărește, apoi adăugați nucile rămase. Folosiți cea mai mare parte a cremei pe sandvișul cu bezea, apoi acoperiți cu restul de cremă și decorați cu alune întregi.

Cookie-uri simple

Da-i 10

225 g/8 oz/2 căni de făină simplă (universal)

Vârf de cuțit de sare

2,5 ml/½ linguriță bicarbonat de sodiu (bicarbonat de sodiu)

5 ml/1 lingurita crema de tartru

2 oz/50 g/¼ cană unt sau margarină, tăiate cubulețe

30 ml/2 linguri lapte

30 ml/2 linguri apă

Se amestecă făina, sarea, bicarbonatul de sodiu și tartrul. Frecați unt sau margarină. Adăugați încet laptele și apa până se formează un aluat flexibil. Se framanta rapid pe o suprafata tapetata cu faina pana se omogenizeaza, apoi se intinde la o grosime de 1 cm si se taie in rondele de 2/5 cm folosind un taietor de biscuiti. Se pun fursecurile pe o tava unsa cu unt si se coace in cuptorul preincalzit la 230°C/450°F/termostat 8 pentru aproximativ 10 minute, pana cand au crescut bine si devin aurii.

Scones bogate cu ouă

Dă 12

2 oz/¼ cană/50 g unt sau margarină

225 g/8 oz/2 căni de făină auto-crescătoare (auto-crescătoare)

10 ml/2 lingurițe praf de copt

25 g/1 oz/2 linguri zahăr tos (foarte fin)

1 ou, batut usor

3½ fl oz/6½ linguriță/100 ml lapte

Frecați untul sau margarina în făină și praful de copt. Se amestecă zahărul. Amestecați ouăle și laptele până se formează un aluat flexibil. Se framanta usor pe o suprafata infainata, apoi se intinde pana la o grosime de aproximativ 1 cm si se taie in cercuri de 5 cm/2 cu ajutorul unui taietor. Rulați din nou resturile și tăiați-le. Pune fursecurile pe o tava unsa cu unt si coace in cuptorul preincalzit la 230°C/450°F/termostat 8 timp de 10 minute sau pana devin aurii.

Placinta cu mere

Dă 12

225 g/8 oz/2 căni de făină de grâu integral (grâu integral)

20 ml/1 ½ linguriță praf de copt

Vârf de cuțit de sare

2 oz/¼ cană/50 g unt sau margarină

30 ml/2 linguri. mere ras pentru gătit (plăcintă)

1 ou bătut

150 ml/¼ pt/2/3 cană lapte

Se amestecă făina, praful de copt și sarea. Frecați untul sau margarina, apoi amestecați mărul. Amestecați treptat suficiente ouă și lapte pentru a obține un aluat flexibil. Se întinde pe o suprafață cu făină până la o grosime de aproximativ 5 cm și se taie în cercuri cu ajutorul unui tăietor de biscuiți. Așezați fursecurile pe o tavă unsă cu uns și ungeți cu oul rămas. Coaceți în cuptorul preîncălzit la 200°C/400°F/termostat 6 timp de 12 minute până devin ușor aurii.

Scones cu mere si nuca de cocos

Dă 12

2 oz/¼ cană/50 g unt sau margarină

225 g/8 oz/2 căni de făină auto-crescătoare (auto-crescătoare)

25 g/1 oz/2 linguri zahăr tos (foarte fin)

30 ml/2 linguri nucă de cocos deshidratată (mărunțită)

1 măr de mâncare (la desert), curățat, dezlipit și feliat

150 ml/¼ pt/2/3 cană iaurt simplu

30 ml/2 linguri lapte

Frecați untul sau margarina în făină. Se amestecă zahărul, nuca de cocos și mărul, apoi se amestecă iaurtul și se face un aluat moale, adăugând puțin lapte dacă este necesar. Pe o suprafață tapetă cu făină, se întinde până la o grosime de aproximativ 2,5 cm și se taie rondele cu un tăietor de prăjituri. Pune fursecurile pe o tava unsa cu unt si coace in cuptorul preincalzit la 220°C/425°F/termostat 7 timp de 10-15 minute, pana cand se ridica bine si devin aurii.

Scones cu mere și curmale

Dă 12

2 oz/¼ cană/50 g unt sau margarină

225 g/8 oz/2 căni de făină simplă (universal)

5 ml/1 linguriță. amestec de condimente (plăcintă cu mere)

5 ml/1 lingurita crema de tartru

2,5 ml/½ linguriță bicarbonat de sodiu (bicarbonat de sodiu)

25 g/1 oz/2 linguri zahăr brun moale

1 măr mic de copt (plăcintă), decojit, dezlipit și feliat

2 uncii / 1/3 cană curmale fără sâmburi (sâmbure), tocate

45 ml/3 linguri lapte

Frecați untul sau margarina în făină, amestecul de condimente, crema de tartru și bicarbonat de sodiu. Se amestecă zahărul, mărul și curmalele, apoi se adaugă laptele și se amestecă într-un aluat moale. Se framanta usor, apoi se intinde pe o suprafata infainata pana la o grosime de 2,5 cm si se taie in cercuri cu ajutorul unui taietor de biscuiti. Puneți fursecurile pe o tavă unsă cu uns și coaceți în cuptorul preîncălzit la 220°C/425°F/termostat 7 timp de 12 minute până când devin aurii.

Scones de orz

Dă 12

175 g/6 oz/1½ cană făină de orz

50 g/2 oz/½ cană făină simplă (universal)

Vârf de cuțit de sare

2,5 ml/½ linguriță bicarbonat de sodiu (bicarbonat de sodiu)

2,5 ml/½ linguriță smântână de tartru

25 g/1 oz/2 linguri de unt sau margarină

25 g/1 oz/2 linguri zahăr brun moale

3½ fl oz/6½ linguriță/100 ml lapte

Glazurarea gălbenușului

Se amestecă făina, sarea, bicarbonatul de sodiu și crema de tartru. Frecați untul sau margarina până când amestecul seamănă cu pesmet, apoi adăugați zahărul și suficient lapte pentru a face un aluat flexibil. Se intinde pe o suprafata usor infainata pana la o grosime de 2 cm/¾ si se taie rondele cu ajutorul unui taietor. Puneți prăjiturile (biscuiții) pe o foaie de copt unsă și ungeți cu gălbenuș de ou. Coaceți în cuptorul preîncălzit la 220°C/425°F/termostat 7 timp de 10 minute până când se rumenesc.

Întâlnire cu cupcake

Dă 12

225 g/8 oz/2 căni de făină de grâu integral (grâu integral)

2,5 ml/½ linguriță bicarbonat de sodiu (bicarbonat de sodiu)

2,5 ml/½ linguriță smântână de tartru

2,5 ml/½ linguriță sare

40 g/1½ oz/3 linguri unt sau margarină

15 ml/1 lingură zahăr tos (foarte fin)

2/3 cană/4 oz/100 g curmale fără sâmburi (sâmbure), tocate

Aproximativ 100 ml/3½ fl oz/6½ linguri de zară

Se amestecă făina, bicarbonatul de sodiu, crema de tartru și sarea. Cremă untul sau margarina, apoi amestecați zahărul și curmalele, făcând o adâncitură în centru. Amestecați treptat doar suficientă zară pentru a obține un aluat mediu moale. Se întinde strâns și se taie în triunghiuri. Pune fursecurile pc o tava unsa cu unt si coace in cuptorul preincalzit la 230°C/450°F/termostat 8 timp de 20 de minute pana devin aurii.

www.ingramcontent.com/pod-product-compliance
Lightning Source LLC
Chambersburg PA
CBHW071238080526
44587CB00013BA/1668